イラスト版 子どもの発達サポートヨガ

太田千瑞[著]
東京都公立・私立学校スクールカウンセラー
臨床心理士・ヨガ講師

気持ちを整え 集中力を高める 呼吸とポーズ

合同出版

この本を読むみなさまへ ●●●

　私が博士課程1年だった頃の話です。私は、ある男の子の支援に当たることになりました。彼との毎日は凄まじいものでした。他のクラスメイトへの暴力を止めようとするたびに殴られ、ひっかかれ、傷やあざがなくなる日はありません。ある時は、顔に泥を投げられ、「死ね、クソババア」と言われ、ある時は、本を片っ端から投げては破く……。虐待が疑われる子でした。

　その後も、私はいろいろな子どもに出会い、勉強してきた知識だけではどうすることもできないことに直面してきました。髪の毛をごっそりむしり取られたり、ホースで全身に水をかけられ、下着まで濡らしたまま帰宅した日もありました。ある女の子は、校門の前で大号泣し、そのまま自宅へ帰ろうと走り出しました。車にひかれる寸前で私がその子どもを抱きとめました。ある男の子は、教室内に土足で入り、そのまま机の上に乗り上がると、机から机へ渡り歩き、すべての教材を汚しました。担任に叱責された彼は、学校から逃げ出し、コンビニで万引きをしました。

　冷たくなった給食を食べる日々を過ごしていた10年前のある日、私はヨガを体験しました。真冬にもかかわらず、その帰り道に感じた"あたたかさ"に何か大きな衝撃を受けました。そして、帰りの夜道を歩きながら私が出会ってきたかれらの顔を思い浮かべました。「かれらとヨガをしたい！」と。

　私は心理学の知識を用いたアセスメント、カウンセリングの技法と合わせて、かれらと時間を共有することで、不登校の子どもが教室へ復帰する、受験に成功する、多動の子どもが教室で過ごせる、自閉症の子どもが笑顔になる、担任が子どもと信頼関係を結ぶ、自傷行為がなくなる、虐待された子どもが未来を語る……などの"変化のカケラ"を体験することができました。

　子どもたちの変化に気づいた担任や管理職の先生から「何をしたの？」と、聞かれることが増えるようになりました。その時に私は決まって「魔法をかけておきました」と笑って答えました。

　ヨガには、今子どもたちに伝えたい、生きることの喜びや、共に感じ合うことの大切さを知る方法が詰まっていると考えています。ヨガと聞くと「宗教な

の？」と思う方もいるかもしれませんが、「ヨガは1つの生き方である」という考え方があります。そして、私はヨガの考え方（哲学）・呼吸・ポーズに込められた3つのことを子どもたちに伝えたいと思っています。

　　周りの誰かと比べないこと
　　自分にも相手にも正直であること
　　心も体も大切にすること

　これらは子どもたちが社会に出て、長い人生を生きていくうえでも重要な自己調整力（自分の心をコントロールする力）を育てることにつながります。
　ヨガのもたらす奇跡と、臨床心理学に根ざした見立て、いろいろなコミュニケーション方法と、覚悟をもって子どもに対して誠実に向き合うこと、それを私は＜魔法＞と呼んでいます。

　この本は、子どもへの対応に悩む方、特に精神的な病や発達の遅れがある子どもへの支援をしている方に読んでほしいと願い、書きました。
　子どもへのヨガの効果もさることながら、子どもとヨガをすることは、大人にとっても効果があると考えています。子どもとの対応法をたくさん学ぶのも大切ですが、自分自身の"あり方"を見つめることも大切です。自分の心と体をリフレッシュさせ、子どもの心と体を観察できれば、次なる支援へのアイデアも出てくることでしょう。
　授業の導入として、体つくり運動の一環として、療育・学童のソーシャルスキルトレーニングとして、保健室や相談室対応のアイデアとして、ヨガを実践してみてください。この本がみなさんの悩みを解決するヒントとなり、子どもの進む道がそれぞれの形で輝いていることを願っています。

　　　　　　　　　　　東京都公立・私立学校スクールカウンセラー／臨床心理士、ヨガ講師
　　　　　　　　　　　　　　　　　太田千瑞

もくじ

この本を読むみなさまへ ………2

この本の使い方 ………7

第1章　教室でできるチェアヨガ

01 朝のぼんやりモードを切り替える〈風船の呼吸〉 ………10

02 周囲に向かう気持ちを集中へと切り替える〈ヘビの呼吸〉 ………12

03 段取りよくすごせる〈ハチの呼吸〉 ………14

04 いつもとちがう緊張感を切り替える〈海の呼吸〉 ………16

05 正しい座り方を体で覚える〈虹の呼吸〉 ………18

06 気持ちを落ち着かせる〈ヘッドフォンの呼吸〉 ………20

07 危険なハイテンションをコントロールする〈ハッピーな呼吸〉 ………22

08 溜まった「イラッ」を発散する〈ドラゴンの呼吸〉 ………24

09 素直に気持ちを表現できるようになる〈ライオンの呼吸〉 ………26

10 不安をやわらげ自分を励ます〈クマの呼吸〉 ………28

11 テスト直前！ 自信を高める〈ウサギの呼吸〉 ………30

12 目の疲れを回復する〈首・肩ストレッチ呼吸〉 ………32

13 ストレスを発散し、体をリラックスさせる〈おなか・胸の呼吸〉 ………34

14 自分からすすんで行動する力をつける〈親指・小指呼吸〉 ………36

15 バランスのとれたメンタルをつくる〈やる木のポーズ〉 ………38

16 ボディイメージを高める〈三角のポーズ〉 ………40

17 ささいな不安をとりのぞく〈ヘリコプターのポーズ〉 ………42

【コラム①】天気より変わりやすい!? 子どもの心によりそうこと ………44

第2章　体育館やホールでできるマットヨガ

- 18　人・場見知りを予防する〈ロウソクの呼吸〉……… 46
- 19　焦る気持ちを落ち着かせる〈イルカの呼吸〉……… 48
- 20　正しくまっすぐに立つ〈山のポーズ〉……… 50
- 21　正しい姿勢がキープできるようになる〈ネコ・ウシのポーズ〉…… 52
- 22　筋肉のバランスを整える〈下向きの犬のポーズ〉……… 54
- 23　空間認知を身につける〈コブラのポーズ〉……… 56
- 24　心と体を休めてリフレッシュする〈岩のポーズ〉……… 58
- 25　体のバランス力を高める〈ドラゴンのポーズ〉……… 60
- 26　日常の生活動作をスムーズにする〈星のポーズ〉……… 62
- 27　速く走れるようになる〈戦士のポーズ〉……… 64
- 28　しなやかに動く体をつくる〈木馬のポーズ〉……… 66
- 29　ケガ予防の準備体操になる〈サメのポーズ〉……… 68
- 30　仲間のペースに合わせて動く〈イスのポーズ〉……… 70
- 31　仲間を思いやる気持ちを高める〈シーソーのポーズ〉……… 72
- 32　少しの時間でも疲れがとれる〈休息のポーズ〉……… 74

【コラム②】障害のある子どもにヨガが貢献できること　……… 76

第3章　グループでできるヨガアクティビティ

- 33　[授業中、おしゃべりがやめられない！]
  騒がしい教室を落ち着かせる〈ゾウさん・アリさんゲーム〉……… 78
- 34　[マイペースな子どもが多い！]
  チームを団結させる〈進め・止まれ・背中合わせゲーム〉……… 80
- 35　[新学期のはじまりに！]
  お互いのことをよく知り、仲よくなる〈このポーズはなあに？ゲーム〉… 82
- 36　[友だちと意見がぶつかりやすい！]
  お互いの個性を認め合う〈謎の箱を開けろ！ゲーム〉……… 84

37 [心の傷を抱える子どもが多い！]
友だちとの信頼感を高め合う〈花の呼吸〉〈ダブル・プレッツェル〉
〈チョウチョのボディスキャン〉 ………**86**

38 [ケンカが絶えない！]
仲間への思いやりを育てる〈ダブル・クマの呼吸〉
〈ダブル・ドラゴン〉〈ヨギーニさんが転んだ〉 ………**90**

39 [いじめがあった時！]
グループのなかのキャラ設定を防ぐ〈ラッコの呼吸〉〈ダブル・星のポーズ〉
〈こんにちはあそびゲーム〉 ………**94**

40 [クラスに不登校が増えた！]
仲間を信じられるようになる〈ダブル・ツリーのポーズ〉
〈ダブル・ボートのポーズ〉〈ウェーブゲーム〉 ………**98**

【番外編】90秒で先生と子どもの心の距離が近くなる〈朝ヨガ呼吸〉 ………**102**

解説 ………**104**
ヨガってなんだろう？ ◆ ヨガを通して伝えたいこと ◆ キッズヨガのプログラム
◆「困った」子どもに対応するヨガの効果 ◆ ヨガの脳
◆ こんな子どもとヨガをしてみよう！

本書で紹介した呼吸・ポーズのねらいと効果 ………**112**

参考文献 ………**115**

あとがきにかえて ………**117**

【免責事項】
　本書は、Yoga Ed.のヨガプログラムを、学校・家庭・療育施設で大人と子どもが楽しく行えるようにアレンジしてまとめました。
　子どもの発達状態、呼吸の様子、体調を観察して行ってください。場合によっては、医師・専門家の助言を得るようにしてください。
　本書の内容を実践して起こったいかなる事象についても、著者と出版社は一切の責任を負いかねます。

この本の使い方

　一般的なヨガは60～90分のプログラムによって1つの練習（レッスン）が組み立てられていますが、この本では、全3章（40項目）に、子どもたちと教室で行えるようアレンジした48種類の呼吸法やポーズ、アクティビティを紹介しました。第1～3章で紹介する呼吸・ポーズのねらいや期待できる効果を112～114ページにまとめました。それを参考に、子どもやクラスのようすにあわせて項目を選んでみてください。

　本書の内容は、Yoga Ed.のプログラムを基本にしています。Yoga Ed.はヨガの実践を通して教育に変化をもたらす教育プログラムです（119ページ参照）。子どもが教養を身につけ、体と心の健康をもたらすライフスキルを学ぶことを目的としています。

〈第1章〉教室でできるチェアヨガ……17種類

イスに座ったまま行える呼吸法を紹介します。休み時間や給食の準備中、アイスブレイクとして、ほんの数分の時間で実践できます。

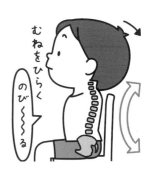

〈第2章〉体育館やホールでできるマットヨガ……15種類

ヨガマットや体育の体操に用いるマット、柔道で使う畳などを敷いて行うヨガを紹介します。教室でもホールでも、畳約1畳分のスペースがあれば行えます。

〈第3章〉グループでできるヨガアクティビティ……16種類

ヨガを取り入れたゲームや、学校でよく用いられるエンカウンター（心と心の交流）の技法やソーシャルスキルトレーニング、マインドフルネスを取り入れたプログラムを紹介します。

【各ページの見方】

左のページ：期待できる効果や実践後のクラスの雰囲気の変化の1つの例を紹介しました。呼吸やポーズを行う目的や効果について子どもたちに説明する時に役立ててください。

QRコード：第1章各項目のQRコードを読み取ると、各呼吸やポーズの解説動画をご覧いただけます。第2章の扉ページのQRコードリンクでは、第2章以降の解説動画を紹介しています。

右のページ：呼吸法やポーズのやり方を説明しています。子どもたちにイラストを見せながら説明してください。視覚化は、ユニバーサルデザインの授業でも推奨されています。イラストを見せて動作をイメージさせてから教えると、理解が深まります。

呼吸・ポーズの解説：子どもたちが読み、理解できるような表現をし、漢字にはふりがなを入れました。著作権法第35条第1項にもとづき、「授業の過程における使用」については、コピー・配布ができます（出典を明示すること）。子どもたちに説明する際に使ってください。

難易度・効果：子どもたちの体は発育途上なので、ポーズを長時間キープすることよりも、体を動かすことの楽しさを知ることが重要です。ヨガの楽しみ方や効果は、「子どもたちから私たち大人が教わる」、そのような姿勢は子どもがよりよく成長するヒントになるかもしれません。

アドバイス：呼吸やポーズのポイントや注意点をまとめました。食後に行ってはいけない呼吸・ポーズは、朝食後にあたる1時間目や昼食後にあたる5時間目にはやらないでください（伝統的なヨガは、食後90分から2時間を空けることが推奨されています）。

心をつかむコツ：子どもに教える時に使える工夫や声かけ例を示しました。集団の中における一斉指示と個別指示の参考になります。

【気をつけてほしいこと】

　大人はつい子どもたちに一生懸命取り組むように「がんばれ」と励まし、うまくできるようにと、一方的にくり返して教えようとします。ヨガの第1歩は、ポーズがうまくできる・できないではなく、ヨガのすばらしさを知り、楽しむことです。それは、「呼吸のリズムを知ること」「体の変化を観察すること」「気持ちの変化を確かめること」ということになります。呼吸が苦しそうであったり、あまりにも集中していなかったりする場合には、続けることを無理強いしないようにしてください。その場合、ヨガの考え方にふれたり、簡単な呼吸法に親しむ程度で十分です。

第①章

教室でできる チェアヨガ

イスに座ったまま
うわばきのまま
着替えずに「いますぐ！」

まずは１分間のヨガをやってみましょう。
きっと、子どもたちの表情が変化します。
落ち着くものから、集中を高め、活力を与えるものと、
効果はさまざまです。
目的に合わせて選びます。

01 朝のぼんやりモードを切り替える
〈風船の呼吸〉

●朝の会が始まるのに、まだ眠たそうな子がいます……

　ヨガは、息を吸ったり、吐いたりすることをとても大切にしています。呼吸の大切さを知るためのはじめの段階で導入しやすいのが、この「風船の呼吸」。子どもたちは疲れやすく、朝、教室で元気がなかったり、眠たそうにしていたりすることがあります。そんな子どもたちにとても効果があります。

　私たちはふだん、何も考えることなく呼吸をしていますが、風船の形をイメージし、おなかの底から腹式呼吸をすることで、呼吸をしていることを意識することができます。このことを「不随意運動から随意運動に切り替える」と言い、それは"自分で自分のケアをすること"につながります。そして、意識して呼吸をすることで、心と体が結びつき、イキイキとしてきます。心も軽くなるのでこの腹式呼吸のことを「風船の呼吸」を呼んでいます。

心が軽くなる「風船の呼吸」

<難易度>
★☆☆

効果
ココロ ♥ ストレス症状をやわらげる／心が軽くなる
カラダ 🧍 横隔膜や内臓の運動になる

①おしりをぴったりイスにつけます。

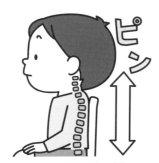

②せなかは上と下に長く、ピンとまっすぐに！

③かたをおろし、手をそっとおなかに当てます。

④心の中で【1・2・3】と数えながらゆっくり息を吸い、おなかがプクーっとふくらむのを感じます。

> おなかがふくらむ動きと風船がふくらむイメージを重ねてみよう

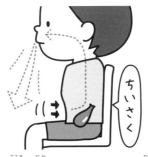

⑤心の中で【3・2・1】と数えながらゆっくり息を吐き、おなかがシューっと小さくなるのを感じます。

> そのまま❹と❺をくり返すよ

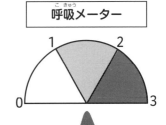

> 心の中で数を数えるのがむずかしいときは、「呼吸メーター」をつかおう！
> ゆびでゆっくりなぞって、はしっこからはしっこまで呼吸をつづけるよ

アドバイス 子どもにとって腹式呼吸はむずかしい動作です。大きく吸おうと、肩を大きく動かして呼吸する子どももいます。そのような場合は、おなか（おへその下あたり）に手を添えて大人が確認しながら子どもに腹式呼吸の感覚をつかませます。目をつぶって呼吸を行うと、よりリラックス効果が高くなります。その際、心に大きな傷がある子どもや慣れるのに時間がかかる子どもには、カウント数や行う回数を制限し、配慮します。数をカウントせずに子どものペースで行ってもOKです。目をつぶるかつぶらないかは子どもに選ばせるようにしましょう。

【心をつかむコツ】③・④の時に「いまのおなかはどんな感じ？」と問いかけます。実際に風船やビニール袋を使って、呼吸の前後で大きさが変わるのを見せてもGOOD！！

02 周囲に向かう気持ちを集中へと切り替える
〈ヘビの呼吸〉

●授業が始まっているのに、まだ集中モードに切り替えられません……

　休み時間が終わり授業がはじまる時や授業の途中からグループ活動をはじめる時など、子どもたちは学校生活のなかで何度も気持ちを切り替えなくてはいけません。しかし、瞬時に気持ちを切り替えられる子どもは多くありません。授業がはじまっても、おしゃべりをやめない子どももいるでしょう。

　クラスがざわざわして子どもたちの注意が散漫になっている時や、クラスのみんなで力を合わせて何かを取り組む前には「ヘビの呼吸」をやってみましょう。姿勢を整えて、「シー」と呼吸をしているうちに、いろんな方向に向いていた気持ちが1点の方向へと切り替わっていきます。「シー」と言う時は視線の向きも、黒板などを目印として、具体的に示し、そこへ向かって呼吸させると、とくに不注意傾向のある子どもは取り組みやすくなります。

「シー」ずかになれる「ヘビの呼吸」

<難易度>
★☆☆

効果
ココロ ♥ 集中力を高める／リラクゼーションを深める
カラダ 🙂 自律神経のバランスを整える

  手のひらを下にして、うでをのばすよ

①おしりをぴったりイスにつけます。

②せなかは上と下に長く、ピンとまっすぐに！

③手をつくえの上におきます。太ももの上や、こしでもOK。

1と2、2と3の間で息を止めないように注意！

できるようになったら【1・2・3・4・5】で呼吸をしてみよう

④心の中で【1・2・3】とカウントしながらはなから息を吸います。

⑤口をイーっと横にして、「シー」と音をだしながら息を吐きます。

⑥まっすぐ前をむいて、さらに深く吸いながら【1・2・3】、吐きながら、「シー」。

アドバイス　「シー」と言ってもすぐに静かになるわけではありません。子どもが落ち着くのを待ちながら、カウント3〜5の間で呼吸をくり返しましょう。クラス全体が落ち着いてきたら、徐々に見本となる先生が、「シー」という音を小さくしていき、息をゆっくり長く吐くように促し、「みんなしずかになったね」と褒めましょう。難しい場合には、「ドラゴンの呼吸」（25ページ）などで大声を出してから行います。タイマーや砂時計で時間のゴールを示すと、集中してくれます。目をつむるかつむらないかは、子どもに選んでもらいます。目をつむることで、自分の内側を自分のタイミングで見つめることができます。

03 段取りよくすごせる〈ハチの呼吸〉

●授業中は2つ以上のことを同時にしなければなりません……

　発達的なアンバランスを抱えている子どもは、シングルタスク＝同時に色々できない、という特徴があります。たくさんの情報を、整理し効率よく取り入れ、行動すること（マルチタスク）が難しいということを示しています。

　「ハチの呼吸」は自分の内側から生まれる音を聞いて、ブーンと音を出してみるという2つの作業を同時に行います。マルチタスクを苦手とする子どもにとってはとても難しいことです。しかし、多少難しい課題のほうが集中できることがあります。❶「ンー」という音を聞く、❷ハミングする、という2つを示し、見通しを持たせ、あえて取り組ませると落ち着いたり、集中したりする可能性が高くなります。

リラックスできる「ハチの呼吸」

<難易度>
★☆☆

効果
ココロ ♡ 集中力を高める／リラクゼーションを深める
カラダ 🏃 音の振動により、頭蓋骨がゆるむ／酸素量が増える

①あしのうらをゆかにつけ、おしりをぴったりイスにつけ、せなかをまっすぐにのばします。

②手を太ももの上におきます。

つくえの上やこしにそえてもOK

③心の中で【1・2・3】とカウントしながらはなから息を吸います。

体の中に「ンー」という音がひびいているかな？

ハチがとんでいるのをイメージしてみよう！

花の呼吸

④息を吐いて、「ブーン」と音をだします。

⑤深く吸って【1・2・3】。吐いて「ブーン」。

「花の呼吸」を組みあわせてやってみよう！

アドバイス　「ンー」という音が、喉の奥のほうで鳴っている、こもった音であることを伝え、吐く息が音に変わることをイメージさせます。3〜5カウントでくり返します。何度、くり返してもふざけ始める子どもが増えた場合には、両手を開いて行う「花の呼吸」（87ページ）と組み合わせ、「ハチがお花に止まったよ」とお話を作って行うと、子どもは動作をさらに切り替えやすくなります。
【心をつかむコツ】⑤で「ブーン」と聞いてどんな気持ちになったかを子どもに質問してみましょう。

第1章　教室でできるチェアヨガ　15

04 いつもとちがう緊張感を切り替える
〈海の呼吸〉

●クラス替えをしたばかりだったり、慣れない特別活動の時は、緊張している子がいます……

　学校生活のなかでは、いろいろな場面で心も体も緊張しています。とくに長期休み明けや、1学期は仲のよいクラスメイトを見つけるまで、休み時間が億劫になっている子どもや本音を言わずにしずかに過ごしている子どもも多くいます。また、縦割り班活動や全校で取り組む活動の前など、年間のなかで取り組む回数が少ない活動がある日にオススメなのが、「海の呼吸」です。

　キラキラ輝く砂浜の上に穏やかな波がやってくる様子をイメージして、ゆったりと波打つ音を呼吸で表現します。体温が上がり、顔の周りの緊張がほぐれていくことで、心の緊張もほぐれ、特別な活動も乗り切れるようになります。

　朝の眠気をスッキリと覚ます効果もあるので、1時間目の授業に取り組む前に行うと、先生の指示に耳を傾けてくれるようになります。

安心感を作る「海の呼吸」

<難易度>
★☆☆

効果
ココロ ♡ 心を落ち着かせる／リラクゼーションを深める
カラダ ♡ 体内から熱を生む／首・肩まわりの緊張をほぐす

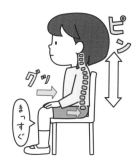

①おしりをぴったりイスにつけます。せなかはピンとまっすぐに！

②手のひらをあわせて頭の上にもっていきます。

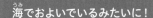
海でおよいでいるみたいに！

③心の中で【1・2・3】とカウントしながら、はなから息を吸います。

となりの人とぶつからないようにまわりをよく見て

手が上にあるときと、おろしたときとは、なにかちがいをかんじるかな？

④「ハー」と言って息を吐きながら、両手をむねのあたりまでまっすぐ下ろします。

⑤吸って上にのびて【1・2・3】、吐いて下ろして「ハー」。②〜⑤をくり返します。

上級編

⑥吸って横から両手を回し上げて頭の上で手のひらをあわせます。③〜⑥をくり返します。

アドバイス　手の動きと「ハー」と吐く呼吸のタイミングがつながっていくと、空気という見えない波に乗っているような気分になり緊張感も体の外へ出ます。3回ほどくり返す度に、「サーファーになってみよう！」と促したり、平泳ぎの手の動きをしたり、クロールの手の動きを取り入れても、興味を引き続け、集中を持続するきっかけを作ります。吐く息のほうを長くすると、リラックス効果を高めることができるため、「誰が一番長いかな？」と語りかけて、できるだけ長く、音が聞こえなくなるぐらいまでやさしく息を吐けるようになるとGOOD！　音楽の授業など歌を歌う前にもオススメです。

05 正しい座り方を体で覚える
〈虹の呼吸〉

●授業中に「正しい姿勢」を保てなくなってしまっています……

　授業中、ひじをついてぼんやり話を聞いていたり、猫背になって頭が机につきそうな姿勢でノートをとっている子どもがいます。また、「姿勢をよくしなさい」と言っても、あしを前に投げ出したり、あしを組んだり、片ひざを曲げるか立てた座り方が集中できる、という子どももいるかもしれません。

　正しい姿勢とは、あごを引き、肩の位置は左右対称。あしの付け根の上に肩がきていて、おしり・足首は直角です。「正しい姿勢」を保てない子どもは、「正しい姿勢」を理解できていないからかもしれません。

　姿勢の崩れは、呼吸が浅くなり、脳の血流も悪くなり、集中力が損なわれます。自然に正しい座り方を引き出す「虹の呼吸」で座り方を修正し、正しい姿勢を保つことを意識できれば、やる気も引き出せるようになります。

心と体をつなげる「虹の呼吸」

<難易度>
★★★

 効果
ココロ ♥ 心と体と呼吸を一体にする
カラダ 👤 背骨を温める

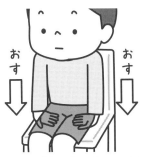

①あしの下に手を入れ、上から太ももで手を押した力を感じましょう。手の甲・手のひらどちらが上でもOK。

②しっかり太ももの筋肉の強さを感じて、背ぼねも長くします。

③顔はまっすぐ前をむき、目線は上にむけます。首を長くのばします。

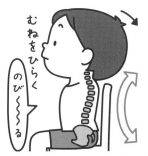

④はなから息を吸って体を前にゆらしたら、せなかを虹のカーブのようにそらします。顔は上を見上げます。

⑤息を吐いて体をうしろにゆらし、せなかを丸めます。目線はおへそ。呼吸にあわせてくり返します。

あごが前にでて首のうしろがつまらないよう気をつけよう!

アドバイス 　息を吸った時に好きな色を吸い込み、息を吐く時はその色で自分を包むことをイメージさせます。虹のイメージがより深まり、呼吸をくり返すことで心の変化と体の動きとの"つながり"を感じられるようになります。呼吸の後に「何色だった?」と聞いてみるのもよいでしょう。答えた色は、それぞれの子どもの個性や気持ちを推測することにも役立ちます。7色の虹と言いますから、慣れてきたら1〜7カウントにしたり、7回くり返すことに挑戦するのもよいでしょう。

第1章　教室でできるチェアヨガ

06 気持ちを落ち着かせる
〈ヘッドフォンの呼吸〉

●教室の外から聞こえてくる工事の騒音が気になって、授業を受けられません……

　発達障害の子どもの中には、大きな音や苦手な音がある子どもがいます。どんな音が苦手であるかは、実際に耳をふさぐ仕草で教えてくれます。多くの場合、突然の音が苦手だったり、不得意な音域があるようです。感覚の刺激を過敏に感じやすいASD（自閉症スペクトラム）傾向の子どもを見て、クラスメイトが「なにやっているの？」とバカにしてしまう場合もあります。そういう仲間の気持ちをくみとり、自分の内側に集中できるのが、「ヘッドフォンの呼吸」。学校や家は一人きりでなければシーンとした場所ではありません。騒がしい環境のなかでも、1人になりたい、しずかに過ごしたい、という願いを叶えてくれ、心がざわざわした時に、自分の呼吸の音を聞いているうちに落ち着いていくことを助け、一定の呼吸のリズムが安心感をうみだします。

自分の世界へ！「ヘッドフォンの呼吸」

<難易度>
★★☆

効果
ココロ ♥ 自分に意識を向ける／リラクゼーションを深める／ほかのことはすべて忘れられる／心と体と呼吸を一体にする
カラダ 🧍 頭蓋骨をゆるめる／鼻腔内の毛細血管を刺激する

①あしの下に手を入れ、上から太ももで手を押した力を感じましょう。手の甲・手のひらどちらが上でもOK。

②しっかり太ももの筋肉の強さを感じて、背ぼねも長くします。

③まっすぐ前をむいて片方ずつ耳をふさぎます。

④両手で耳をふさいで、外の音が聞こえないようにします。

> 目をあけていてもOK！

⑤はなから息を吸って【1・2・3】。はなから吐いて【1・2・3】。呼吸の音を聞きます。

> 好きなタイミングで
> ゆっくり呼吸してもいいよ！

⑥自分の内側に意識を集中して、④〜⑤をくり返します。

> 心の中で好きな歌を歌ったり、好きな言葉をくり返していると呼吸に集中できるよ

アドバイス　目をつぶって耳をふさぐと、暗闇の中にいるような不安や心細さを感じる子どもがいます。その場合は、片耳ずつ行うようにします。とくに鼻炎や喘息の子どもたちに配慮します。耳をふさいで聞く音とそうでない場合との違いを知ることが、おもしろさを感じてもらえるきっかけです。
　視覚的なイメージがあったほうがやりやすい子どもには、手を鏡に見立て、寒い時に手に息をハアと吹きかけるイメージで、「手でつくった鏡をくもらせてみて」と声をかけてもよいでしょう。

第1章　教室でできるチェアヨガ

07 危険なハイテンションを
コントロールする
〈ハッピーな呼吸〉

●突然、怒りの大爆発！ けれど、だれもその理由を理解できません……

　気持ちのコントロールを苦手としている子どもは、些細なことでカッとなったり、物を投げたり、暴力をふるったりする場合があります。時には、万引きをするなど法を犯すことも……。そういう子どもの中には、大人が話を聞いても平気でやっていないと嘘をついたり、その大人に対して殴る蹴るをくり返すこともあります。その気持ちの裏側には"拗ねている"状態の心があります。「ハッピーな呼吸」は、呼吸に合わせてリズミカルに全身を動かすことで、見えない壁を殴ることを肯定し、「見えない心の中の敵をやっつけてしまおう！」と勧め、感情的になることも認めます。回数を決め、最後に大きく吐き出すことで、行動のはじめと終わりが明確になります。また、ルールに従って取り組んだことを褒めましょう。自己コントロール力の土台づくりになります。

体が目覚める「ハッピーな呼吸」

<難易度>
★★☆

効果
ココロ ♥ 緊張をほぐす／意欲が高まる
カラダ 体を目覚めさせる／酸素レベルを上げ、脳の血流が増える

①正しい姿勢で息を吸って、両うでを高くバンザイ！

②息をはきながら、肩を上げずに、息を吐いて、前へならえのポーズになります。

③こしをそらさずに、むねを広げ、息を吸って、うでを真横にひらきます。

「前へならえ」は、手のひらを内側にむけ、ひじはなが―くのばすよ

④息を吐いて、うでを前へならえにもどします。

⑤息を吸って、もう一度バンザイに。せなかをもっと長くのばします。

②～⑥を3～5回くり返そう

⑥最後は勢いよく「はぁー」と声にだして息を吐きます。

アドバイス
　　思い切り動く子どもがほとんどです。子ども同士がぶつかってケガをしないように、行う前に必ずスペースを確保します。この呼吸は体育館など広いところで、思い切り体を動かして行うのもオススメです。息を吐く時に大きな声を出して、体を勢いよく動かせば、気持ちがスッキリします。
【心をつかむコツ】周りにスペースがある時は、⑥で「はぁー」と息を吐く時に、うでをうしろに振り下ろすと気持ちがスッキリします。とにかく限界まで叫ぶようにすると、とてもうれしそうにします。ダイナミックな動きができない奥手な性格の子どももいますが、大人が呼吸と動きのタイミングに合わせて手を叩き、誘導します。ただし、無理にやらせず、呼吸と体の動きを一致させることが目的だと確認させましょう。

08 溜まった「イラッ」を発散する
〈ドラゴンの呼吸〉

●昼食前の時間になると、午前中のイライラが溜まってきてしまいます……

　「ドラゴンの呼吸」は、火を噴くドラゴンをイメージして行います。口を大きく開き、思い切り息を吐き出すことで横隔膜が動きます。横隔膜は大腰筋とつながっています。発達的なアンバランスさを抱える子どもは、内臓感覚も未発達であるので、この呼吸を経験することによって、内臓の感覚を意識することができ、体調不良や空腹を体がしっかりと感じ取れるようになることを目指します。「火はどこまで届くかな？」と声かけしたり、アニメやゲームのキャラクターになりきると楽しく行うことができます。「ドラゴンのポーズ」（60〜61ページ参照）と組み合わせてやってみるのもオススメです。舌を出す動きは、偏食を抱える子どもにとって、口の中の感覚を統合するトレーニングの第一歩にもなります。

イライラにさよなら！「ドラゴンの呼吸」

<難易度>
★★☆

効果
ココロ ♥ 過剰なエネルギーを発散させる
カラダ 👤 あご・首・胸部の緊張をゆるめる

①両手を組み頭の上にセットし、その手を頭で押し上げるように背すじをのばし、まっすぐ前をむきます。どのような方法でもよいので、正しい姿勢をつくります。

吸いながら勢いをつけて。手の動きをつけたしてもGOOD！！

②はなから深く息を吸います。

③口を大きくあけて、息を吐いて思いっきり舌をだします。

大きく息を吐いたら、火の大きさはどのくらいだったかな？

④火をふくドラゴンのイメージで「ハァー！」「ヤァー！」と声をだしながら大きく息を吐きだします。

> **アドバイス** 　教室で行う時は、座ったまま思い切り呼吸を行いましょう。体育館など広い場所で行う時は股関節や腸腰筋を柔軟にする「ドラゴンのポーズ」（61ページ）を組み合わせてやってみましょう。けだるい雰囲気をふきとばしてくれます。アンガーマネジメントの学びに合わせて行うと、よりイライラがコントロールできるようになります。怒りを外へ出してから自己の内省へとつなげます。
> **【心をつかむコツ】** 身体測定や鑑賞教室で並んでいる時など集中力が途切れやすいちょっとした待ち時間に行うのがオススメです。大きな声を出しても、過剰なエネルギーが発散できると、その後に沈黙が生まれ、気持ちの切り替えができます。クラス全体が静かにならなくてもスタートして構いません。だんだんと「ミニドラゴンは？」と呼吸の音を小さくしていき、落ち着かせるのもオススメです。

第1章　教室でできるチェアヨガ　25

09 素直に気持ちを表現できるようになる〈ライオンの呼吸〉

●気持ちをきちんと表現できずに、友だち関係がうまく築けません……

　うれしい時には「うれしい！」、悲しい時には「悲しい……」と素直に表現できない子どもや、ASDの傾向があり、表情模倣や表情認知が苦手な子どもがいます。そういう子どもに「笑顔で話してごらん！」と言っても難しいので、まずは「先生の真似してね！」と伝え、口角を上げる、目を開く、眉を上げると「気持ちが相手に伝わるよ！」と教えましょう。引きつった笑顔、困っているような笑顔は、心がアンバランスになっているサインです。また、無表情であっても発達障害の傾向がある子どもは感情の変化がありますから、見本となる大人の表情を見るだけでもトレーニングになります。「ライオンの呼吸」をして「先生の目を見て、眉を見て、耳を見て」など、部位を具体的に示し、注視させていきます。やってみようかなと思わせたら成功です。

笑顔になれる！「ライオンの呼吸」

<難易度>
★★★

効果　ココロ　過剰なエネルギーを発散させる
　　　カラダ　あご・首・胸部の緊張をゆるめる

①両手を組み頭の上にセットし、その手を頭で押し上げるように背すじをのばします。

②まっすぐ前をむいて、手のひらは太ももの上におきます。

③はなから深く息を吸って、自分がライオンになったとイメージします。

④手を自由に動かし、口を大きくあけて、息を吐き、舌をだします。

⑤両手を顔の横にもってきてライオンのようにほえます。

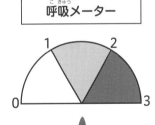

呼吸メーター

ゆびでゆっくりなぞって、はしからはしまで呼吸をつづけるよ

アドバイス　落ち着きがない子どもは、勢い余って咳き込むため、吸う息の早さを決めてカウントするか、「呼吸メーター」で示します。先生が変な顔になると、大半の子どもたちは大爆笑！先生がお手本をやる時には、子どもの反応をしっかりと観察しつつ、遊び心を持って楽しんでみてください。手をパーに広げて、耳に添え、ライオンのたてがみのようにしても盛り上がります。突然、大声で行うと驚く聴覚過敏のタイプの子どもがいる場合には、笛や鈴を小さな音から鳴らすなど、スタートの合図を工夫しましょう。視線の先を決めて、周りの子を見ずに、自分へ集中させるようにしましょう。

第1章　教室でできるチェアヨガ

10 不安をやわらげ自分を励ます〈クマの呼吸〉

●忘れ物を注意されて落ち込み、やる気をなくしてしまっています……

　喜怒哀楽といった感情の分化が未発達で、「なんとなく不安」という状態になりやすい子どもがいます。テスト前、友だちとのケンカ、先生に怒られるというわかりやすい状況もあれば、残虐な事件や災害のニュースを見た時などにも感じやすいものです。とくに失敗をくり返しがちな子どもは日々知らない間にこの「なんとなく」を積み重ねてしまう傾向があります。そんな時に自分を励まし、気分をやわらげるのが、「クマの呼吸」です。ヨガでは吸う息と吐く息の長さをコントロールしたり、息を吸って吐く間に息を止めたりして自律神経のバランスを整え、自然に気分を変えます。まず2カウントから、できるようなら5カウントまで挑戦させてみましょう。かわいいクマのキャラクターの絵やぬいぐるみを見せるとイメージしやすくなります。

物事に打ち込む力が育つ「クマの呼吸」

<難易度>
★★☆

効果
ココロ ♡ 心を集中させる／物事に打ち込む力を向上させる
カラダ ♡ 呼吸の感覚を高める

①両手を組み頭の上にセットし、その手を頭で押し上げるように背すじをのばします。

②手を太もものうえにおき、まっすぐ前をむきます。目をつぶれる人はしずかに目を閉じます。

③はなから息を吸って【1・2・3】、息を止めて【1・2】。

④はなから息を吐いて【1・2・3】、息を止めて【1・2】。

⑤③～④を3回くり返します。なれてきたら、くり返す回数をふやしていきます。

なるべくやり方をおぼえて自分のペースをみつけるときもちいいよ！

アドバイス　失敗経験が多い子どもは、なかなか自発的に挑戦しません。息を止め、体内の酸素量を増やすことを、ヨガではクンバカといいます。低学年の子どもや息を止めることがむずかしい子どもの場合、無理に息を止めさせようとせず、大人のカウントに合わせて呼吸をさせます。呼吸のカウントは、指を折って数えたり、「呼吸メーター」（11、27ページ）や、数字カードなどを使って視覚的に示すと興味も湧くでしょう。この呼吸は、大人であってもつい肩に力が入るむずかしい呼吸です。まずは、手本を示す大人自身が呼吸の感覚をつかみ、呼吸の心地よさを感じられるようになってから取り組んでみましょう。

第1章　教室でできるチェアヨガ

11 テスト直前！自信を高める〈ウサギの呼吸〉

●あせる気持ちが強くなると「ヤバイ」「無理」といった言葉を連発してしまいます……

　新しいことへの不安が大きい時やテスト前など自分の不安な気持ちが大きい時、特に発達障害の傾向がある場合には、一度おしゃべりスイッチが入ったら、止めることができなくなる子どもがいます。「ヤバイ」「無理」「めんどくさい」という言葉をくり返して自分の中でその不安な感情を増やしているかのようです。そんな時、脳を覚醒する「ウサギの呼吸」をしてみましょう。呼吸のペースを速く行うことで頭がスッキリし、体もリラックスできるので、自信が持てるようになり、テストに立ち向かう度胸がついたりする効果が期待できます。速い吸う息は話したい気持ちを発散し、遅い吐く息はクールダウンになります。ベラベラ喋ることをお休みして、自分で自分を励ますことの大切さを学びます。

脳も体もシャキッと切り替わる「ウサギの呼吸」

<難易度>
★★☆

効果
ココロ　脳を覚醒させる
カラダ　体全体のリラックス

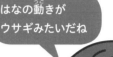
はなの動きがウサギみたいだね

①両手を組み頭の上にセットし、その手を頭で押し上げるように背すじをのばします。

②背すじをのばしたまま手を下ろし、まっすぐ前をむきます。

③はなを小刻みに動かしながら、はなからすばやく3回息を吸います。

④はなから息を吸って【1・2・3】、息を止めて【1】。

⑤口から大きなため息をつくように「はぁー」と息をしっかり吐きます。

広いスペースでは、ピョンととんでからやってみよう！

アドバイス　興奮しすぎてしまう子どもには、「風船の呼吸」（11ページ）をゆっくり行ってから、次の活動へと切り替えていきます。勢いよく呼吸をすると、副鼻腔に溜まったものが出てくるかもしれないので、始める前に鼻をかむように声かけをします。ティッシュを用意しておくといざという時に困りません。楽しい気分が高まりすぎた時は、「ロウソクの呼吸」（46ページ）をその後に。

【心をつかむコツ】「ウサギの呼吸」を指導する際は、子どもが焦ることなく取り組めるような雰囲気をつくり、やさしい言葉でゆっくりとした語調で説明していきましょう。慣れてきたら、しっかり最後まで絞り出すように吐ききれるよう、見本を示す時は、大げさなボディランゲージを心がけます。

12 目の疲れを回復する
〈首・肩ストレッチ呼吸〉

●夜遅くまでテレビゲームをして目に疲れが溜まっています……

　勉強、テレビ、ゲーム、スマートフォンやパソコンの長時間の使用を原因とするドライアイなどの目の病気や、体の各部に痛みなどの症状が出る「ＩＴ眼症*」が深刻な問題になっています。大人なら目の疲れを感じて「少し休もう」と判断できますが、目の発達途上にある10歳前後までの子どもたちは、疲れを疲れと捉えることができません。とくに、過集中という特性を抱えている発達障害の子どもは低年齢のうちからゲーム依存の危険性があります。

　「首・肩ストレッチ呼吸」で、首周りの緊張をほぐし、目の周りの筋肉を緩ませることで、眼球運動の疲れを取ります。理屈でやめさせるのは難しいので、「目のゲームをしよう」と日常生活の合間にまずは、取り入れることからはじめてみましょう。

*日本眼科医会では、「ＩＴ機器を長時間あるいは不適切に使用することによって生じる目の病気、およびその状態が誘引となって発症する全身症状」として、ＩＴ眼症への警鐘を鳴らしています。

目の疲れを取る！「首・肩ストレッチ呼吸」

＜難易度＞
★★☆

効果
ココロ ♡ リラクゼーションを高める／トラウマと向き合う準備をする
カラダ 👤 副交感神経を優位にする／首の緊張をほぐす

①両手を組み頭の上にセットし、その手を頭で押し上げるように背すじをのばします。

②まっすぐ前をむいて、手は太ももの上かつくえの上におきます。

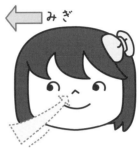

みぎ →

③はなから息を吸って目玉を右に、息を吐いて目玉を左に。

← ひだり

④息を吸って目玉を左に、息を吐いて目玉を右に。③と④を何度かくり返します。

> 肩は動かさずに首だけをねじってみよう

> 上下の目の動きをくり返してもOK！

⑤今度は両手を肩におき、肩が動かないようにします。

⑥息を吸って、吐きながらうしろが見えるまで顔を右にむけます。

⑦息を吸いながら顔を正面にもどします。

1、2、3、はぁ〜

⑧目を閉じて【1・2・3】で息を吐きます。反対側も同じように行います。

アドバイス　文字の読み飛ばしが多く、整理整頓が苦手な子どもは、眼球運動の未発達さが指摘され、ビジョントレーニングが有効とされています。その前後に、両方の目を動かす筋肉（外眼筋）を鍛えると、目がチカチカするといった目の疲労の予防につながります。呼吸とともに行い、疲れとともに嫌な気持ちや思い出される失敗体験もなくせるようにくり返します。がんばりすぎる心と体をほどよく癒し、日々の生活を支えてくれるのが、このストレッチと呼吸の組み合わせです。スキマ時間にすぐできます。

13 ストレスを発散し、体をリラックスさせる〈おなか・胸の呼吸〉

●発表の順番がまわってくることに緊張して、お腹が痛くなってしまっています……

　緊張した時にトイレが近くなる経験は、だれにもあるはずです。子どもの中には、ストレスが原因で、頻尿や過敏性大腸症候群といった症状に悩まされている場合があります。とくに、ASD傾向の子どもには胃腸の不調を抱えることが多いとも言われています。「いつトイレに行くか？　どこにトイレがあるか？」と不安になったり、慣れた場所以外ではトイレに行けない子どももいます。そういう場合に、「大丈夫」とつぶやきながら「おなか・胸の呼吸」をしてみましょう。上半身の前側・うしろ側に伝わる呼吸の感覚を感じられると、気づかなかったストレスが和らぎ、胃腸に関する問題も減るかもしれません。「おなかに隠れている嫌な気持ちを外に置こうね」と励まして、取り組ませます。

1分でリラックス！「おなか・胸の呼吸」

<難易度>
★★☆

効果
ココロ ♥ リラクゼーションを高める／心の変化に気づきやすくなる
カラダ 　内臓感覚を豊かにする

①両手をバンザイしてから下ろして、おしりをしっかりイスにつけてすわります。

②まっすぐ前をむきます。

目をとじてもOK

③はなから息を吸って、体中の空気を全部だすように吐きます。

手は逆でもOK！　自分にとってやりやすいほうをみつけてね

④右手はむね、左手はおなかにそえます。

⑤はなから吸って、まずはおなかにたくさん空気を入れてから吐きます。

おなかまでの呼吸を3回した後、むねまでの呼吸を3回くり返してみよう！

⑥やさしくおなかをさわりながら、はなから吸っておなか→むねにまでたくさん空気を入れて吐きます。

> **アドバイス**　おなか→胸と順番に呼吸する楽しさを伝えることを優先しましょう。上半身全体が気持ちよくふくらむことを体感できると、ポイントをつかみやすいようです。「大きな風船や気球、自転車のタイヤに空気を入れるように」などとイメージを伝え、背中・腰を触りうしろ側も意識させましょう。イメージすることが苦手な子どもには数をカウントする、目に前で袋をふくらませるなど、"肺に入る呼吸の量が増えていること"が具体的にわかる工夫をしましょう。自分でできるセルフケアであることも伝えます。

第1章　教室でできるチェアヨガ

14 自分からすすんで行動する力をつける
〈親指・小指呼吸〉

●意欲がわかず登校をしぶっています……

　朝、起きなければいけないのに起きられない、がんばりたいのに意欲が出ない、学校に行きたいのに行けない、という起立性調節障害の症状と向き合っている子どもがいます。一方で、眠りたいのに布団の中で動き回り、触覚刺激が脳を刺激し続け、脳が半覚醒状態のままでいるため、眠れないというADHD（注意・欠如多動性障害）傾向のある子どももいます。頭ではわかっていても、体を思うように動かすことができないのです。コントロールできない自分と向き合えるのが「親指・小指呼吸」です。交感神経と副交感神経のアンバランスさを調整する「片鼻呼吸」を子ども用にアレンジしました。1日の生活リズムを整える大切さや、体を調整すると心も調整できることを学びます。昼夜逆転による睡眠障害や不登校の予防にも最適です。

1分で切り替え！「親指・小指呼吸」

<難易度>
★★★

効果
ココロ ♥ ストレスを軽減する、脳の働きを改善
カラダ 🧘 交感神経・副交感神経のバランスをとる

> 左ききの場合には、左手ではなをおさえてみよう

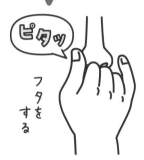

①頭の上に手を組んでのせ、手を押し上げるように背すじをのばします。

②まっすぐ前をむいて、左手は太ももの上かつくえの上におきます。

③右手の親ゆびの腹をはなの右側に当て、小ゆびの腹をはなの左側に当てます。

> 呼吸のあいだ心の中で【1・2・3】とカウントするよ

> なれてきたら➡のときに息をとめるよ

④右手の親ゆびで右のはなの穴をとじ、左のはなの穴から息を吐いて、その後吸います。

⑤右手の小ゆびで左のはなをとじ、右のはなの穴から息を吐いて、その後吸います。

⑥[左から吐く→左から吸う]➡[右から吐く→右から吸う]をくり返します。

アドバイス 片鼻呼吸は本来、親指と薬指を鼻に当て、人差し指と中指を眉間（第三の眼といわれる）に置くか曲げて鼻のやや下にして行います。手先のトレーニングにもなるので、慣れてきたり、子どもの年齢が高い場合には薬指にチャレンジするのもよいでしょう。息を止めると鼻腔が広がり、そのあとの呼吸量が増えます。「右の鼻と左の鼻の違いはあるかな？」と質問し、意識させ、"吐く→吸う→息を止める"の練習をしてから指をつけるとよいでしょう。高学年からは目をつぶらせ、さらに集中させていくとよいでしょう。終わった後、2つの鼻の穴で呼吸したらどうか、と質問し、効果を感じさせます。

15 バランスのとれた メンタルをつくる 〈やる木のポーズ〉

●授業中に集中が切れて、イスに座っていられなくなっています……

　子どもの中には、バランス感覚を司る脳の前庭覚が未熟なために、姿勢保持が難しく、イスから崩れ落ちそうな子どもがいます。体の傾きやスピードなどを感じる前庭覚を育て、グラグラしてしまう体をゆっくりと調整します。また、関節や筋肉の場所に気づいていくことで、体の力の入れ具合を調整する固有覚を鍛えることにつながると考えられます。「やる木のポーズ」では、体幹の土台となる骨盤を正しく調整し、おなかを触らせたり、肩やひじをしっかり伸ばせるように指差しで確認させます。また、うまくできなくても、「風が吹いても倒れない木をイメージして」と何度も挑戦させ、体だけでなく心の軸もつくっていくようにし、全員で同じことを一緒にがんばることの大切さを伝えていきます。心の底から意欲が湧いてくることを目指します。

やる気が出る！「やる木のポーズ」

<難易度>
★ ★ ★

効果
ココロ ♥ 物事に打ち込む力がつく／集中力が高まる
カラダ 背すじをのばす／あし全体・腹筋・背中・首の強化

①イスの前かうしろで「山のポーズ」(51ページ)。

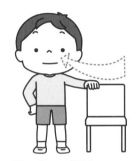

②息を吸って両手をこしに当てます。手はイスの背もたれでもOK。

③息を吐いて右あしのうらを左あし首の内側にそえます。

肩と耳ははなれているよ

視線ははな先か正面を見つめよう

④息を吸って、木が上に高くのびていくように背すじをのばします。

⑤息を吐いて両うでを天井のほうにさらにのばし、3回呼吸。なれてきたら、イスなしでもチャレンジ！

⑥ゆっくりと「山のポーズ」にもどり、反対のあしでも行います。

アドバイス
　　　バランスポーズは、グラグラしても、ほかの子どもと比べずに、自分のポーズに集中するようにしましょう。両手を上げることが目標ではありません。自分の体がどうなっているか、「おなかは硬いかな？」「足の裏はどうだろう？」「伸びている筋肉はどこかな？」と質問します。「チャレンジしたらそれですごいよ！」と声をかけて、呼吸を止めずに、自分が木になって足の裏に根が生え、背骨は太い幹となったことをイメージさせましょう。ポーズに意識を向けていくことや自分の体や重心の変化、そして心の変化を大切にするよう、伝えます。自分でどこまでがんばったか、ふりかえるのもよいでしょう。

16 ボディイメージを高める 〈三角のポーズ〉

●器械運動やちょっとした動きが苦手です……

　よく走り回り、一見、運動が得意そうな子どもがマット運動やとび箱が苦手ということはよくあります。とくに発達障害の子どもは、手やあしで体を支えて回転したり、静止したり、手やあしの着地位置を考え、方向転換することが苦手です。自分の体に対する微細な意識や、体の動きを見通す力（運動企画）という非常に複雑なはたらきが未熟なのです。また、コミュニケーションや学習には問題がなく、運動スキルだけに問題を抱える発達協調性運動障害（DCD）の子どもも、ボディイメージをくり返し作っていくことが大切です。そこで、右あしと左あしに均等に体重をのせることや、ひざや腰、指先がどちらに向いているかを確かめ、どの筋肉が伸びるのかを感じる「三角のポーズ」を、あえて狭い場所で行うことで運動企画の発達を促します。

器械運動にも挑戦できる！「三角のポーズ」

<難易度>
★★★

効果
ココロ　物事に打ち込む力がつく／集中力が高まる
カラダ　背すじをのばす／あし全体・腹筋・背中・首の力の強化

①イスの横で「山のポーズ」（51ページ）。

おしりは動かさないように！

②息を吸って両手をこしに当て、背すじをのばします。

イスに右手をおいているときは、左あしを動かすよ

③息を吐きながら左あしはかかとを軸に内側へ、右あしを外側にむけます。

④息を吸って両うでをＴの字にのばします。首を痛めないように視線を下げてもOK。

⑤息を吐きながら、右手はイスの背もたれか、すわるところにおいて、左手は肩の高さにのばします。

おしりからわき腹がしっかりのびているのを感じよう

⑥呼吸をつづけて、反対もくり返します。あしがかかとからつちふまずまで一直線か確認します。

> **アドバイス**　「三角のポーズ」は、体の側面を伸ばし、下半身の左右のあしの使われている筋肉の違いを感じ、骨盤の方向を意識しながら、背中の伸びや胸、あしの伸びも同時に感じることができます。前へ倒れることだけに意識が向き、ひざがピンと張り、過伸展の状態になることが不器用さを抱える子どもには多いため、よく確認しましょう。腰が反っている時は、手を上げる前に、わき腹を触って背筋を伸ばすようにすると、まっすぐ伸びていきます。痛みを感じにくく、友だちを押しのける行動が目立つ子は、ピタッとポーズを止まることができない様子が見受けられます。その場合は、「はいポーズ！　カシャ！」と写真を撮る仕草を先生が見せて、止まるよう促してから、呼吸を誘導します。止まる→呼吸に慣れたら、「吸いながら……」「吐きながら……」とゆっくりとしたヨガの動きに応用します。
>
> **【心をつかむコツ】**まず先に足の形が右と左が異なることを確認させます。イスの方向・部屋の窓の方向など"右左"以外の視線の先を示して区別しやすくしましょう。1つずつていねいにゆっくり指示しましょう。

17 ささいな不安をとりのぞく〈ヘリコプターのポーズ〉

●ちょっとしたボディタッチなどの刺激に怒り出してしまっています……

　「教室が暑い（もしくは寒い）」「教室が臭い」「体育着が嫌だ」など、誰も気に留めないことでも、何かにつけて不満が多い子どもはいませんか？　あるいは、友だちに軽くポンと肩を叩かれたことを「アイツが殴った！」と怒る子ども……。周囲からみると神経質すぎる子どもは、周囲の人や環境の微細な変化に対して人いちばい敏感に反応してしまう"HSC"（Highly Sensitive Child）の傾向があるかもしれません。HSCの子どもは、日頃からさまざまな不安をまとっていて恐れの気持ちを抱え、少しの刺激をストレスと捉えてしまう傾向があります。教室移動が多い日や学芸会など音にふれることが多い時に、「クヨクヨ・ソワソワにサヨナラしようか」と声をかけて「ヘリコプターのポーズ」を行うと、自分の不安を認められたと感じられ、安心感につながります。

小さなストレスが減る「ヘリコプターのポーズ」

<難易度>
★☆☆

効果
ココロ ♥ ストレスを軽減する／心を刺激する
カラダ 👤 背中の強化／そけい部・胸部・背骨・肩のストレッチ

①イスにすわって姿勢を整えたら、息を吸って両うでを横にのばします。

②肩の高さにひじ、そこから直角にまげて、手のひらを広げ、ゆび先は天井にむけます。

③息を吐きながら、おしりは動かさずに上半身を右にねじります。

④息を吸いながら背すじをのばし、さらにうしろが見えるように体をねじります。

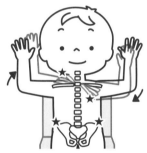

⑤息を吐きながらおなかをねじり、吐き切ったら正面にもどり手を下ろします。

⑥反対も行います。吸ってのびる→吐いてねじるをおぼえましょう。

アドバイス おしり・腰は動かさずに、呼吸に合わせておなかからしっかりねじっていきます。首や胸だけねじっていることがないように注意して観察してあげましょう。「雑巾を絞った時にたくさん水が出るようなイメージ」と伝え、背中をしっかり伸ばすことを伝えます。教室で行う際は、周りの子どもと手がぶつからないように気をつけます。このポーズは長く深く行うと、内臓を刺激するため食後すぐはNG。１時間目と５時間目以外を目安に取り組んでみてください。

【心をつかむコツ】両手を横に伸ばしてもＯＫ。教室が狭ければ、両手を腰にそえて肩を下に引き下げて（肩の力を抜いてリラックスしてから）取り組んでもOKです。なるべくゆっくり動くようにして、首・肩と、おなかの状態や心の中がどう変わっていくか考えさせます。変化を感じて、考え続けることを励まします。

第１章 教室でできるチェアヨガ

コラム1 天気より変わりやすい!? 子どもの心によりそうこと

　子どもたちの心は、ほんの少しのことでご機嫌ななめになります。その原因は、翌日に控えたテストへの不安かもしれないし、給食のメニューに嫌いな食べ物が出る日であるかもしれません。もしくは教室を移動する授業が多い日、遠足・運動会の日など、一見楽しそうなイベントでも子どもにイライラする気持ちが生まれることがあります。

　子どもたちがいつ、どこで、どのような場面でストレスを抱えているか？　それを具体化すると、チェアヨガのどれをいつ取り組むか、アイディアが浮かんでくるはずです。

　子どもたちは、「落ち着く方法」を知らないので「落ち着きなさい」と言われても、静かに安定した状態に自分で保つことができません。

　たとえば、少し遠いところへの遠足で楽しみと同じくらいの緊張が見られるのであれば、「海の呼吸（17ページ）」と「ヘリコプターのポーズ（43ページ）」を朝の会の後に行うと、神経質になっている心と体を落ち着かせることができます。運動会が終わり、振替休日の次の日であれば、「ヘビの呼吸（13ページ）」をしてから「やる木のポーズ（39ページ）」を午後の授業前にすると、スッキリとした表情になって集中力が増し、気持ちを切り替えることができるかもしれません。

　子どもの気になる行動の裏側には、性格・特徴と環境・背景とが複雑に存在しています。それらをどう紐解いていくかは、まるで神経衰弱の組み合わせを選ぶかのようです。今日はいくつ対処方法を見つけられたのかな？　どうしたら見つけられるかな？　と、楽しみながら探していけるとよいでしょう。

　そして1番大切なことは、先生方が「気持ちよかったな」「子どもたちとやってみたいな」という呼吸やポーズから取り組むことです。先生方の笑顔が伝染すれば、まるで美味しいおやつを見つけた時のような、そんな表情の子どもたちをたくさん見られるかもしれません。

　理論上、こういう時にこれが効く！　と言われていることを鵜呑みにするのではなく、子どもに合わせて、いつ、どこで、どんな場面で、どんな呼吸とポーズを**どのように**伝えるかが、その子どもの心を支える第一歩になると私は信じています。

第 ② 章

体育館やホールでできる マットヨガ

運動が苦手な子どもや
コミュニケーションが
苦手な子ども、
衝動性が高く落ち着きの
ない子どもがキラリ！

いつもとは違って、仲間と息を合わせてイキイキと体を動かしてくれます。
体育の体つくり運動、道徳・総合の授業などで取り組むことができます。
ペアポーズは、ソーシャルスキルトレーニングにもなります。

 第2章の呼吸やポーズの実践に活用できる解説動画。
https://www.youtube.com/watch?v=NiBl4vjNvg8

18 人・場見知りを予防する
〈ロウソクの呼吸〉

●体育館に移動したら、急にパニックを起こしてしまいました……

　集中が必要な授業のはじまりの時や、ヨガアクティビティに取り組むための導入にふさわしいのが、この呼吸法です。体育館に移動しただけで興奮してしまうなど、気持ちの切り替えが苦手な子ども、人・場見知りやパニックを起こしやすい子どもの気持ちを切り替えましょう。「ロウソクの呼吸」は、吐く息を指で触れて感じることができるので、やさしくゆっくり呼吸することがむずかしい子ども、「呼吸って何？」と感じている子ども、クラスメイトと一緒に行う活動にあまり興味を示さない子ども、すぐにふざけて遊びがちな子どもも、コントロールしながら呼吸法に親しむことができます。また、座って指に向かって呼吸することで、自分に集中することができます。マットの上であぐら、立ちひざで行う方法を紹介しましたが、教室でイスに座って行ってもOKです。

心を切り替える「ロウソクの呼吸」

<難易度>
★☆☆

効果　ココロ　吐く息のコントロールを促す／心を集中させる
　　　カラダ　脳の活性化

せなかが丸くならないようにまっすぐにしよう

視線をゆび先にむけるよ

①マットにあぐらで、せなかをのばしてすわります。

②立ちひざでもOK（せなかはまっすぐに）。

③顔の前で両手の人さしゆびを立てて、口の近くで両手を組みます。

鼻で吸う
口で吐く

④人さしゆびの先がロウソクの形をしているとイメージ。

⑤はなから息を吸って口から吐きます。3〜5回くり返します。

ロウソクの火を消すように、吐く息で、ふうっとやさしく

アドバイス　落ち着きのない子どもの大きな特徴に、①姿勢が崩れやすい、②友だちの邪魔をする、があります。この場合、大声で叱責せず意図的に、視野に入れるが発言は上手に無視をします。その後、気になる子ども・ふざける子どもに、あえて大きなロウソクの大きな炎を強く吹き消す役のお手本をしてもらい、ひと息ついてクールダウンした後に、「このやり方も今日はやってみよう」とゆっくりペースやフッと吹き消す方法に取り組みます。役割を明確にし、行動の見通しをもたせましょう。
【心をつかむコツ】衝動性への配慮として、吐く息を速く短くしたい場合は、ロウソクを体の近くに持ち、長く引きのばしたい場合は、遠くに持ちます。交互に行うと、少しずつ遅いペースの呼吸にも取り組めます。

第2章　体育館やホールでできるマットヨガ　47

19 焦る気持ちを落ち着かせる
〈イルカの呼吸〉

●調理実習中、ごはんをよそうのに苦労して焦ってしまっています……

　ヨガでは、呼吸に動作を合わせることを学びますが、目と手の共応作業が苦手な子どもはうまくいかないことが多いです。そんな時はモチーフとなっている物と動きを組み合わせたお話を作るとよいでしょう。例えば「イルカの呼吸」なら、こんなふうに……。「イルカは、海に住む生き物で、肺で呼吸をしている動物。時々頭のてっぺんにある鼻を海面から出して呼吸をしています。1回の呼吸で肺の中の空気のほとんどを入れかえるんだって」。動物好きな子どもがいる場合には、質問したり説明を求めていくと場が盛り上がるでしょう。気持ちを切り替えたら呼吸の効果も高まります。呼吸と動きが連動してきたら、たくさん褒めましょう。それによって、心が落ち着き、模倣する動作、目と手の共応動作が身についていきます。

周囲とペースを合わせる「イルカの呼吸」

<難易度>
★☆☆

効果
ココロ　心と体と呼吸を一体にする
カラダ　背骨の強化／肩のストレッチ

①あぐらですわります。

> せなかが丸くならないようにまっすぐにしよう

②はなから息を深く吸って、両手を丸めて頭の上におきます。

③息を吐きだします。

> イルカが頭のてっぺんから水をだすように勢いよく！

④はなから息を吸いながら、勢いよく両手を頭の上にのばします。手でイルカが頭の上から吐きだす水をあらわします。

⑤息を吐きながら、頭の上にのばした両手を左右両側からゆっくり下ろします。3〜5回くり返します。

> イルカの頭の上から水が飛び散る様子をイメージするよ

アドバイス　隣の人とぶつからないスペースであれば、教室内でも行うことができる呼吸です。理科の実験・調理実習・運動会前など、ケガ予防や集中させたい場面でも活用できます。自分の頭を触ることで、リラックスするきっかけとなったり、自分の体を意識しやすくなります。

【心をつかむコツ】 呼吸のリズムと手の動きがうまく合わなかったり、手しか動かさない子どもが多くいます。よく観察し、「息を吸って」と呼吸したのを見計らって、「ピューと水しぶきを飛ばそう」と抑揚・リズムをつけ、歌うように指示したり、頭から水を飛ばすタイミングを「せーの」と声をかけます。

第2章　体育館やホールでできるマットヨガ

20 正しくまっすぐに立つ〈山のポーズ〉

● 「気をつけ」で並ぶ時にもソワソワとしています……

　体育の集団行動における"気をつけ"とは、やや異なるポーズです。子どもの多くは、長時間動かずに立っていられません。とくに、骨や筋肉がやや未発達段階にある発達障害の子どもたちは、つねにソワソワして、ピタッと止まれません。落ち着きなく体がソワソワ動いてしまいがちな子どもや、じっとしていられない子どもも、「山のポーズ」をすれば、脳が少し休憩して、落ち着きをとりもどします。正しい姿勢を学び、自分の体を支える軸に気づくことができ、ケガ予防にも効果的です。あしは山の麓、頭は山の頂上であることをイメージできると心地よさを感じられます。正しくまっすぐに立つことは大人でもむずかしい課題です。ピタッと止まれることを優先したり、ポーズとポーズの間にたくさん取り入れてみると良いでしょう。

強い体をつくる「山のポーズ」

<難易度>
★☆☆

効果
ココロ　注意力を高める／集中力が高まる
カラダ　背骨の調整／姿勢の改善／あし全体・おしり・腹筋・首の強化／扁平足の緩和

「まっすぐに立つってむずかしい！」

①あしのうら全体でゆかをふみ、つま先の親ゆび同士はくっつけて、かかとははなします。

②あしをグーの手1つ分くらいひらきます。

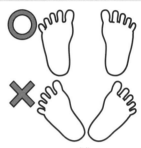

③あしのゆびを大きくひらきます。

「猫背の子はやや上を見よう」

④視線はまっすぐにして、息を吸いながら背のびをします。

「こしがうしろにそらないように！」

⑤息を吐いて肩を下げ、うでを下ろし、手のひらは太ももの横につけます。

⑥動かず、どっしりとした山になったきもちで呼吸しましょう。

アドバイス　横からみて、くるぶし→ひざ→太ももつけ根→肩→耳が一直線になるようにしましょう。体を動かすことが苦手な子どもは、両あしを腰幅に開くと安定します。正しい体重のかけ方を練習することで体がふにゃふにゃしていて、姿勢が悪い子に多い反張膝（関節がやわらかく、逆方向に反る状態）が改善されます。軽くひざを曲げると下半身の筋肉を感じやすくなります。

【心をつかむコツ】横から見て体を反らせていないか、体全体がまっすぐになっているかをしっかり確認してください。胸だけを上に引き上げると、反り腰になります。肩とおしりをまっすぐ下に下ろすことを伝えましょう。ピタッと止まれない子どもには、うしろで腰を支え、足の指を持ち上げ、グーパーしたり、おしりを左右に動かしてもグラグラしないようにする練習をくり返したり、鏡やタブレットで写真に撮り、友だちとポーズを見合うことで理解を深めさせます。

21 正しい姿勢がキープできるようになる
〈ネコ・ウシのポーズ〉

●四つばいが苦手で腕と体幹で体を支えられていません……

　運動が苦手な子どもの多くは、四つばいにさせると、おなかはだらりと下がり、腰は反り、ひじの内側がぐるんと外側を向いた過伸展の状態になっています。この状態を長くキープすると腰を痛めますし、その状態では筋肉をしっかり使うことができず、固有感覚を育てることができません。ひじをやや曲げた状態にし、おしり→背中→首→頭までが一直線になるようにしてから、背骨の動きを味わうようにゆっくりと取り組んでいくと、しなやかに動けるようになり、筋緊張が高まると考えられます。呼吸しながら右手と左足を上げて下ろす、という動きも、動きに逆らって体を支えるための体幹を育てます。また、脇をしめる感覚がつかめると程よく胸が開き、肩と耳の距離が出て、首の筋肉への負担が減ります。

背骨が強くなる「ネコ・ウシのポーズ」

<難易度> ★★☆

効果
ココロ ♥ 物事に打ち込む力がつく／集中力が高まる
カラダ ♦ 背中の強化／あし全体・腹筋・背中・首のストレッチ

①四つばいになり、おへそに力を入れてせなかをまっすぐにします。視線ははな先または天井にむけます。

②肩の真下に手、おしりの真下にひざ、あしのつま先は立てます。手のひらはしっかりパーの状態にひらきます。

③息を吸って天井を見て、「ウシのポーズ」。おしりがすこしつきでます。

④息を吐いておへそを見て、せなかを丸く、「ネコのポーズ」。

⑤吸って上を見て【1・2・3】。吐いておへそを見て【1・2・3】。3～5回くり返します。

> できる人はあごをむねに近づけたまま首のうしろものばし、背骨をもっと丸くするよ

アドバイス おしりを突き出して動くため、恥ずかしがる子どももいます。スペースをしっかりとりましょう。背骨が発達すると、平衡感覚によい影響があり、重心が下がり、正しい姿勢へと導いてくれます。なるべくゆっくり動くように伝え、その感覚を実感させます。指示の内容が多いと、子どもは混乱するので、ひじならひじと、1度に1つのポイントに絞って、「今日の目標」として説明してから行います。
【心をつかむコツ】 小学校低学年では、背骨の動きに合わせて、「モー」や「ニャー」と鳴き真似をすると楽しくできます。背骨のしくみをヨガブロックを積み上げて示したり、イラストや写真などで示すと、興味を持って取り組みやすいです。理科や保健の授業などで、体のつくりを習う時に取り組むのもよいでしょう。

第2章　体育館やホールでできるマットヨガ

22 筋肉のバランスを整える
〈下向きの犬のポーズ〉

●ハサミを思うように使えていません……

　折り紙やハサミ、分度器やコンパスをうまく使えない子どもやキャッチボールができない子どもは学習面でも苦手を抱えがちです。これは、姿勢の保持や移動といった粗大運動の苦手さや不安定さと、上半身・下半身と体幹の協調運動の未熟さに由来すると推測されます。「下向きの犬のポーズ」は、手を大きく広げ、足首をやわらかく使うことと、おしりを引き上げることで、全身の筋肉を大きく伸ばし、上半身から下半身まで伸ばせます。それによって、背中の筋肉や腹筋群などの体幹を維持する筋力の低下と、同時収縮の未成熟さを緩和することができます。子どもに対しては、「さあ、犬のお散歩だよ」と言って楽しく体の伸びを感じさせましょう。慣れてきたら、爪先立ちからかかとを下ろす運動を増やし、おしりを高く引き上げ全身を伸ばしていきます。

肩と背中がのびる「下向きの犬のポーズ」

<難易度>
★★★

効果　ココロ　落ち着きが増す／ストレスを緩和する
　　　カラダ　体の活性化／あし全体・腹筋・背中・首の強化

①むねをしっかりひらき、四つばいになります（53ページ）。手のひらを大きく広げます。

これは「パピーポーズ」

②ひざをついたまま手を前にのばし、おしりをななめ上にしてせなかをのばします。

③両手で上半身をもち上げ、おしりを高く引き上げて体で三角形をつくります。

犬がしっぽを空にむかってのばすみたいにおしりを高くあげるよ

④息を吸ってひざ、あしのつま先をセットし、息を吸って吐くのを3〜5回くり返します。

せなかが丸まり、肩が耳より下がっていると体がいたくなるよ。

× Bad

アドバイス　子どもは好きですがむずかしいポーズです。ひじとひざの過伸展に気をつけて、難易度が低い順番で取り組みましょう。[レベル1]ひざを曲げたままおしりを突き出す。[レベル2]ひじを曲げたまま手でしっかりと押して、おしりがななめ上に伸びるのを感じる。[レベル3]少しずつかかとを下ろす。運動が苦手な子どもや肩と耳が近づいてしまう子どもには、無理をせず、②の「パピーポーズ」だけでOK。肩・背中・腰を伸ばすことを優先し、手、足先と背中や腰の体のつながりに気づかせます。
【心をつかむコツ】指が閉じている時には、パーの手をつくり、「1〜5」を数えて5本の指に注目させ、大きく広げ、床やマットを押すことを伝えます。丸い形をした紙やフェルト、コースターをボタンに見立て、「これの上にパー」「ボタンを押してみて！」というと大きく指も開いていきます。

第2章　体育館やホールでできるマットヨガ

23 空間認知を身につける
〈コブラのポーズ〉

●意図せず、人とぶつかってしまいます……

　イスに座ったままの活動が多い学校生活、公園から遊具が消えている現代では、運動習慣が作りづらい環境です。猫背のまま骨や筋肉が固まってしまう子どもが増えています。また、縄跳びや跳び箱、鉄棒が苦手な子どもは、ラテラリティ（利き手や利き足）の未確立が背景に隠れていることもあります。空間認知が苦手で友だちと教室でぶつかる、よく転ぶという特徴をもった子どもも少なくありません。それを改善するには、ボディイメージを深めることが大切です。感覚がわかりにくい下腹部と足の甲へ意識を向けて、大きく胸を開くと、おへそが上に引き上がっていく感じがして、全身が伸びていることに気づきやすくなります。正しくポーズをキープできると、腰痛が緩和され、おしりの筋肉も鍛えられ、胸が広がることで気持ちも前向きになっていきます。

人との距離感をつかむ「コブラのポーズ」

<難易度>
★★☆

効果
ココロ ♥ 疲労をやわらげる
カラダ 💪 股関節屈筋・背中・背骨の強化／腹筋・胸部・肩・首のストレッチ

あしの内側がぴったりとくっつくように

①うつぶせになり、両あしをそろえて息を吸います。

②息を吐いて、ひじをまげて両手をむねの横において、ゆび先を前にむけながら大きくひらきます。視線ははな先にむけます。

③息を吸って、両手で押し、むねをひらきます。「ヘビの呼吸」（13ページ）をつけたしてもOK！

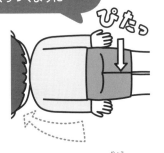

おしりに力を入れ、あしの甲をゆかへ押しつけると上半身がきもちよくのびるよ

④吸って吐いてをくり返し、肩の力を抜いておへそからむねをのばします。

横をむき、左右どちらかのほっぺをつけた状態でもOK

⑤うつぶせでお休み。首の力をぬき、せなかが長いまま、休みます。

肩と耳が遠ざかるように体をのばすと、首がいたくならないよ

×Bad
イタッ！

アドバイス　肩と耳が近づいて、肩の緊張が強い子どもには、ひじをピンと張りすぎず、手のひらで押すことと上半身を高くあげられなくてもよいと伝えます。あしの付け根（股関節）や下腹部が伸びることを確認させていきます。足首が硬いと足の甲が床につきづらいため、色つきの布かタオルをしき、「赤いタオルをあしで押そう」と説明を加え、しっかり押しつけるようにしましょう。胸を持ち上げたら、「ヘビの呼吸」（13ページ）を一緒に行うとより楽しめ、集中力も増し、ストレスも緩和します。友だちとぶつかるトラブルが多い子には、線の上（床に色テープやひもで示す）をまっすぐ歩くアクティビティを加えます。慣れたら、右・左からうしろをのぞきこんで上半身をねじり、コブラになりきって呼吸しましょう。

24 心と体を休めてリフレッシュする 〈岩のポーズ〉

●授業中に注意力が散漫になってしまっています……

　ADHDの子どものなかには、注意力散漫になりがちな子どもが多くいます。授業中でも自分勝手な行動をしたり、別の友だちに話しかけたり、遠くの物音を気にしたり……。集中力に欠け、自分の内側に意識を向けることが不得手で、"落ち着く状態"を知りません。そうした子どもに心と体のブレーキの踏み方を教えてくれるのが、「岩のポーズ」。教室のカーテンの裏に隠れたり、部屋の隅で丸まって授業に参加できない状態の時に、このポーズに取り組ませましょう。目を閉じ、体の外側の変化を察知する感覚受容器を休ませ、内側の変化を察知できると、動作と感覚を結びつける練習になります。集団参加したい気持ちを認め、そのためのスキルを学ばせるのです。時間をはかりながらポーズを行なうことで、時間の概念を体で理解できるようにもなります。

心も体も復活させる「岩のポーズ」

<難易度>
★☆☆

効果
ココロ 💗 心を落ち着かせる
カラダ 👤 足首・股関節屈筋・大腿四頭筋のストレッチ

①四つばいになって「テーブルポーズ」（53ページ）。

②視線をはな先にむけて息を吸います。ひざを大きくひらき、あしの親ゆび同士をつけます。

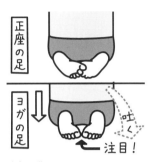

③息を吐いて、おしりをかかとに下ろします。あしの親ゆびは、軽くふれあっています。

わきからうでがのびるのを感じるかな？

④上半身を前にたおし、両うでを前にのばします。わきをのばします。

うでをのばしたままにすると、せなかがのびるね

⑤吸って吐いてをくり返し、せなかとこしをのばします。

⑥呼吸を止めず、ゆかにおでこをつけてゆっくりお休み。

アドバイス 　キョロキョロと周囲を見るなど集中できない場合は、ポーズのカウントを数えたり、歌を歌うなど声を出しながら行います。とくにADHDの子どもは速い時間の尺度で行動する傾向があるため、時間を設定することは有効です。なお、足首が硬いと、足の甲が重なり、つま先が立ちます。お尻がかかとの上に届かず、腰が浮く場合には、額の下に握りこぶしを置いて、高さを出します（クッションや枕、ヨガブロックも可）。

[心をつかむコツ] パニックになり、感情的になっている子どもには「岩のポーズ」のまま呼吸のリズムに合わせて背中をトントンしてあげます。その時は、手の位置を耳の横か、手のひらを上にしておしりの横におきます。

25 体のバランス力を高める 〈ドラゴンのポーズ〉

●ドッジボールでは全然キャッチできず、すぐに当てられてしまいます……

　ボールをキャッチするのが苦手な子どもがいます。タイミングよくかがむ動きができないのです。股関節が硬くて屈伸する時に、つま先が外側へねじれてしまい、ひざを痛めるか、扁平足の原因になります。不器用さのある子どもや落ち着きのない子どもはあまり深く考えずに屈伸をして、ますます体に不具合が生じます。テニスや野球などの体の片側ばかり使うスポーツを毎日のように行っている子どもにも、左右どちらかが使いづらい、ということがあります。つま先の向きに気をつけながら呼吸に合わせて動くと、股関節や太ももの前側が伸びます。とくに調整が難しい骨盤の傾きを「ドラゴンが尻尾を前に伸ばして火を吹く」とイメージすることで、尾骨が下がって骨盤がまっすぐに立ち、そこを起点として左右のあしをバランスよく使えるようになっていきます。

パワー全開!「ドラゴンのポーズ」

<難易度> ★★★

効果　ココロ♡　集中力を高める
　　　カラダ　あし全体・腹筋・胸部・肩・背中・うでの強化とストレッチ

①つま先を立てて、体を安定させ、四つばいになります。

「肩を下げてリラックス」
②息を吸って、手と手の間に右あしをだして、息を吐きます。

③体を起こし、息を吸って、両手をこしの両わきにおき、せなかをのばします。

「耳と肩ははなれているかな？ひざとつま先が同じ方をむいているかな？」
④両うでを頭の上にのばし、口から息を吐きます。

「呼吸しながらバランスはとれているかな？」
⑤片方ずつうでを上げ、あしやおなかでバランスをとるようにして、呼吸をつづけます。

⑥準備ができたら、両手をこしにもどしてからゆかに下ろして、呼吸しましょう。

> **アドバイス**
> 　　　　1つ1つの動作をなるべくゆっくり丁寧に行うようにしましょう。そのほうが筋肉の同時収縮が行われ、そっと物を置く仕草ができるようになっていき、体幹も鍛えられます。ひざの骨でバランスを取らないように、ひざの真下にかかとを置いていること、あしの付け根から上に伸ばし、背骨を長くすることに気をつけるように伝えます。難易度を上げる場合には、長くキープしたり、手を頭の上でヒラヒラさせたり、拍手させたり、先生とじゃんけんゲームをしたりして手の動きを付け足しましょう。
> 【心をつかむコツ】前に出している足の裏でしっかりと踏み、その反動でおなかが持ち上がり、背骨が長くなることを伝えます。「ドラゴンの呼吸」（25ページ）も合わせてしてみると、深まります。背骨をさわってよい場合には、トントンとやさしく下から上へ背骨をタッチすると上半身が伸びやすくなります。

26 日常の生活動作をスムーズにする〈星のポーズ〉

●ノートの行のサイズに合わせて文字を書けず、いやになって寝転がってしまっています……

　発達障害の子どもの多くは、先生が指示した内容を記憶することができません。それは、聞こえてくる声を優先的に選択して、聞いた言葉を正しく記憶することができないためです。また、指先の感覚が未発達で空間認知も弱いため、不器用でノートの罫線に合わせて書くことが苦手です。そういう子どもには、まず聞いた動きや自分の体のどの部位が行うのか、どこを動かすのか、覚え、模倣することが必要です。大きな人間のイラストを使って、両手足首・頭に数字や丸をつけて印とし、そのイラストを裏返して隠し、記憶させます。すると、記憶するための重要な働きであるワーキングメモリも鍛えられるでしょう。"聞く→注視する→イメージする→記憶する→体を動かす"という流れをスモールステップで行い、少しずつ確実に育てていきます。

体全体を感じる！「星のポーズ」

<難易度>
★★☆

効果
ココロ ♥ 精神力を高める
カラダ あし・腹筋・背中・首の強化／うでのストレッチ／背骨の調整

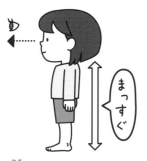

①「山のポーズ」（51ページ）になり、まっすぐに立ちます。視線ははなの先にむけます。

②おしりからせなか、肩、顔は動かさず、両あしと両うでをのばします。

③息を吸ってせなかをのばし、吐いて、両あしを大きくひらきます。

④息を吸いながら両うでを横にのばして、息を吐きます。【1・2・3・4・5】のリズムで吸う↔吐くをくり返します。

⑤④をその場でくり返し、全身ののびを感じます。

足もとに目じるしのシールをはってもらったら、そこに足を置いてね

⑥呼吸を続けながら「山のポーズ」にもどります。

ポーズの前と後で体の感じが変わったかな？

アドバイス　体をどの順番で伸ばしていくのか、「右手1、右あし2、左あし3、左手4、頭5で星になるよ」と、5つの角をしっかり伝え、できているか確認していきます。

【心をつかむコツ】 指先をグー・チョキ・パーの形に真似させ、指の巧緻性を高めたり、じゃんけんをしてゲーム性を持たせると、楽しく取り組むことができます。両あしに均等に体重がのっているか感じにくい子どもがいるため、「右あしだけ、左あしだけ」と重心移動をしてから、真ん中で止まってみるようにします。鈴をつけたゴムを手首・足首につけると、意識しやすくなります。

27 速く走れるようになる 〈戦士のポーズ〉

●直線を走っているつもりが、まっすぐに走れずにふらついています……

　ASD傾向がある子どもの中には、まっすぐコースに沿って走れなかったり、頭を傾けて走ったり、カーブを曲がる時にふらついて、ヒョコヒョコ歩く子どもがいます。バランス感覚である前庭感覚の問題が考えられます。走る時には、体幹を前傾させ、ひざを適切に曲げ伸ばしすることが必要です。まずは、1本の線の上をゆっくり歩く練習でウォーミングアップをし、このポーズでひざに負担をかけずに下半身を強化し、走る練習を取り入れるのも良いでしょう。足裏を感じ、重心を前後に動かして体の中心を意識し、体幹を強化する上、上半身・下半身の筋肉を同時に強くすることが学べます。不器用さを抱える子どもには、あしの置き場所を明確にするため、シールなどの目印か、あしの裏の型を床に置いて踏むことを促します。

強い筋肉が増える！「戦士のポーズ」

<難易度>
★★★

効果
ココロ 💗 集中力を高める／精神力を強化
カラダ 🧍 持久力を高める／あし全体・腹筋・背中・うでの強化とストレッチ

アキレス腱のばしのような姿勢だよ

① 「山のポーズ」(51ページ) になり、まっすぐに立ちます。

② 息を吸って、手をこしにあて、片あしをうしろに下げます。

③ 息を吸って背すじをのばし、息を吐いて、右ひざを深くまげ、目線とおへそはしっかり前にむけます。

手をクロールか平泳ぎのようにまわしてもいいよ！

④ うしろに下げたひざはしっかりのばし、呼吸をして片方ずつ手を上げます。左側も同じように行います。

×NG ひざの内が鋭角

×ななめ ○まっすぐ

③で深くまげた右ひざがつま先よりも前にでるのはNG。背骨がまっすぐになるように、おしりにギュッと力を入れるとせなかがまっすぐになるよ

💬 アドバイス
　両手を上に上げる前に、ひざとつま先が同じ方向かを確認し、あしの幅を調整します。つま先に、もしくはかかとに体重をかけるとどうなるか、どちらも挑戦させ、その違いを体感させます。肩が上がっている場合は、耳から離すように伝え、手のひらをうしろにひっくり返すと肩が下がりやすいので、そこからさらに腕を伸ばすようにします。また、おへそを車のヘッドライトに見立て、そこを軸に、ひざをねじらないよう骨盤を正面に向け、視線の先を具体的に示して不注意を予防します。

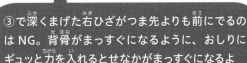

28 しなやかに動く体をつくる
〈木馬のポーズ〉

●片足立ちや両足とびはできるが、ケンケンパができません……

　発達障害の子どもで体の不器用さを伴う場合には、例えば、靴ひもは結べるけれど髪の毛は結うことができない、ハサミはうまく使えるけれどカッターは難しいというようにスキルを一般化して、新しいスキルを獲得するまでに多くの時間を要します。新しいことに挑戦する心を持っていても、運動プランニングの力が乏しいため、失敗体験をくり返してしまいます。ですから、このポーズを使って、起き上がる方向を見ることに気をつけさせ、体の重みがどう変わるか確認させます。「あと何回、時計の針が3のところまで」と、練習のスタートとゴールを具体的に示し、ひざをくっつけるとどうか？　背すじを伸ばしたらまっすぐ行くか？　と自分の体の状態を観察させます。ポーズの後は必ず休ませ、感覚鈍麻による筋肉疲労を予防します。

運動プランニングを育てる「木馬のポーズ」

<難易度>
★★☆

効果　ココロ ♥ 集中力を高める
　　　カラダ 💪 太ももからあしのつけ根・胸部・肩のストレッチ／あし全体・腹筋・背中・うでの強化

体育すわりになろう

①ひざを立ててすわります。視線ははな先にむけます。

②両ひざをそろえ、ひざの下に両手を入れ、はなから息を吸います。

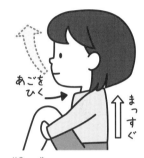

③息を吐いて、あごをひいて背すじをのばします。

なるべく反動をつけずに！

④体を前後にゆっくりと動かします。

ひざをくっつけよう！

⑤せなかをゆかにつけたら、勢いよく起き上がります。

⑥呼吸を続け、何度かくり返して起きたり転んだり。

アドバイス　骨盤が前傾していると、ハムストリング筋群の伸びがうまくいきません。勢いで続けると、前屈が深くなりません。この起きあがりこぼしのような動きは、骨盤の歪みやインナーマッスル（深層筋）にも働きかけてくれます。骨盤は前後に動くことを教え、下腹部と太ももの前側が股関節からピッタリくっつき、背すじが伸びていくことを努力させます。ゆっくり動いたり、速く動いたりと、いろいろなペースで楽しむと盛り上がり、体幹が鍛えられます。失敗してもチャレンジするよう声をかけましょう。

第2章　体育館やホールでできるマットヨガ

29 ケガ予防の準備体操になる 〈サメのポーズ〉

●ボール投げが苦手でボールが全然前にとびません……

　運動機能の発達にアンバランスさがある子どもは、座ったり立ったりする時の姿勢が悪かったり、すぐに疲れやすかったりします。関節がやわらかすぎるために、体を反らせてバランスを取ろうとして、腰を痛めてしまったり、体重移動がうまくできないためにボール投げができなかったり、学習場面では筆圧が強すぎる場合もあります。運動機能の発達には、手が真っ赤にならない適度な力で握りこぶしを作ること、関節に頼らずに体幹で体を支える筋力をつけることが重要です。「サメのポーズ」では、「サメのように手やあしを使わないで、海を泳いでみよう！」とイメージさせることで、楽しんで筋肉をつけることができます。うつ伏せになり、その場で泳ぐ動きをさせてから、取り組むのもよいでしょう。

股関節がやわらかくなる「サメのポーズ」

<難易度>
★★★

効果
ココロ ♥ 心を刺激する
カラダ 太ももからあしの付け根・胸部・肩のストレッチ／あし全体・腹筋・背中・うでの強化

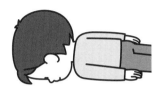

①両うでを体の横におき、両あしをそろえてうつぶせになります。

②息を吸いながら、両手のゆびをからめてうしろで組み、手のひら同士を押しあいます。

③息を吐きながら、両手をせなかから上へ引き上げます。

あごが出すぎないように気をつけよう

④息を吸って、むねをもち上げます。できる子は、両手をもっと上へ引き上げます。

⑤息を吐いて、両あしをとじたままもち上げます。

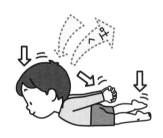

⑥息を吐きながら体勢をもどし、手もあしもうつぶせの状態になったら、②〜⑤をくり返します。

アドバイス
あしの内側同士をくっつけることであしの力を強化し、腰の痛みを緩和します。腰を曲げるのではなく、胸を大きく開いていくのを感じられるとGOOD。首や肩に力を入れてふんばる子どもは、難易度の低い「コブラのポーズ」（57ページ）に変えます。もしくは、あしだけ持ち上げる、胸だけ持ち上げる、というように1つずつ行います。「おなかはついているけれど、おなかの奥にあるボールは上の方に飛んでいくよ」と内側に意識を向かせ、手を使わないで体を支えるため、体幹が鍛えられることを伝え、励ましましょう。準備運動には、「手押し車」がオススメです。家庭でも取り組んでもらいましょう。

第2章 体育館やホールでできるマットヨガ

30 仲間のペースに合わせて動く
〈イスのポーズ〉

●チームで力を合わせなくてはいけない場面なのに、自分勝手な言動をしてもめています……

　友だちとうまく関係を築けない子どもの多くは、できないことを隠して、わざといたずらをしたり、グループ活動を避けます。そんな時こそ、1人でも2人でもできる「イスのポーズ」で、他者を信じる気持ちを育てます。不安そうに参加を迷う子どもには、「怖いんだね」と気持ちを代弁してから「1回やったら面白いかもよ」と誘います。「無理、つまんね～」と悪態をついたら「透明な椅子に座るだけよ」とジョークでかわします。程よい力で引っ張り合うと太ももの筋肉がつくことを伝え、少しずつお尻の位置を下げ、力加減を学びながら難易度を高くします。「ポーズのはじめと終わりだけは、チャレンジしよう」「1人でもやってみよう」と促すと参加意欲も増すでしょう。協力することが目的ではなく、協力することの大切さを学ぶことができます。

チームワークを築く「イスのポーズ」

<難易度>
★★★

効果
ココロ ♥ コミュニケーション能力を高める
カラダ 🧍 胸部・肩のストレッチ／あし全体・腹筋・背中・うでの強化

①むかいあわせで「山のポーズ」（51ページ）になります。視線ははな先かペアの人にむけます。

②息を吸って、パートナーのひじの下、または手首をそっとつかみ、息を吐いてイスにすわるように、おしりをうしろに引きます。

③息を吸って、せなかをのばしてパートナーの目を見ながらタイミングをあわせます。

④息を吐いて、おしりをさらにうしろに引いて、重心をなめうしろに落とします。

⑤呼吸を続けながら①〜④をくり返します。あしのうらをしっかりつけましょう。

片方の人だけに体重がかかると、もう片方はトレーニングにはなりません。お互いに目で「のびるよ」と合図して、同じくらいの力でのばそう

アドバイス お互いの信頼関係が作れなかったり、加重が不均等であった場合、ポーズが不安定になり、尻もちをついてしまうことも。ひざの向きは真正面のまま、おしりをうしろに引くとうまくできます。ペアの相手とのアイコンタクトはコミュニケーションの練習になります。

【心をつかむコツ】 口げんかのもとをはじめからなくすため、ペアはなるべく大人が決めます。終わった後、相手と握手するのもオススメ。手と手をつなぐことが苦手な子どもが多い場合には、「なべなべそこぬけ」の遊びをウォーミングアップに活用しましょう。参加が難しい場合には、まず1人で「イスのポーズ」に取り組んでもらい、慣れてきたら2人にしましょう。その子どもの挑戦する心の育ちを待ちます。

31 仲間を思いやる気持ちを高める〈シーソーのポーズ〉

●けがをした友だちがいるのに、助けてあげようとする様子がありません……

　感情の変化が大きく、自分の機嫌でその日の過ごし方を決め、突然、物を壊す、罵倒する、都合が良い時には、ベタベタと大人に抱きつくといった独特な社会性を持っている子どもがいます。行動だけみると、発達障害の二次障害とも考えられますが、愛着障害の症状であることも……。発達障害に有効とされる薬の治療効果が薄く、行動支援をしても、嘘をついたりほかの子どもや大人への不信感を示すのが特徴です。そういう場合、ペアで行うポーズは、かなり大きなハードルです。まずは、安心する相手と背中を合わせる、握手をする、肩に手をのせるといった程よい距離感の身体接触から始め、相手と呼吸のタイミングを合わせ、一緒にポーズをする体験を着実に積み重ねます。体の記憶は確かなもので、くり返すことで、程よい心と体の距離感を身につけていくことが期待できます。

協力する心が育つ「シーソーのポーズ」

<難易度>
★★★

効果		
	ココロ ♥	コミュニケーション能力を高める
	カラダ 🧍	太もも からあしのつけ根・胸部・肩のストレッチ／あし全体・腹筋・背中・うでの強化

① ペアになり、むかいあわせにすわる。視線ははな先または前の人にむけます。

② お互いのあしのうらをあわせ、内ももがいたくないくらいにあしをひらきます。

あいての手首を強く持つのは NG！

③ 息を吸ってせなかをのばし、息を吐きながら手をつなぎます。

スポンジを持つみたいにやさしく手をつなごう！

④ やさしい呼吸にあわせ、自分がシーソーになったイメージで、ゆっくり前後に体をゆらします。

あいてがいたがるまでのばしたり、らんぼうに動くのは NG！どちらが先に倒れるか、ルールをしっかりと決めておこう

アドバイス　荒波のような感情の中で苦しんでいる子どもは、意図せずに相手を傷つけてしまいます。衝動的な動きによるケガを予防するため、ひざを曲げたまま取り組む段階から始めましょう。そして、支援者は絶対にその子どもを信じ、あきらめないようにしましょう。突然気分が変わり、「やらない！」とキレてしまったら、「じゃあ次は何にする？」と冷静に反応し、気持ちを汲み、クールダウンするか、その場に留まるかを選択させ、選べたら参加とみなし、その場に居たというがんばりを褒めましょう。

第 2 章　体育館やホールでできるマットヨガ

32 少しの時間でも疲れがとれる〈休息のポーズ〉

●寝不足で朝から疲れてしまっています……

　放課後、子どもたちは、習い事や学童やデイサービスへの通所など毎日忙しく過ごしています。中には受験を控え、塾の宿題に追われている子どももいます。ゲームや動画の誘惑に勝てずに、寝たふりをして親に気づかれないように布団の中で動画を見ている子どもも多く、必要な睡眠時間をとれていません。「休息のポーズ」は、ヨガの中でも重要なポーズで、どのヨガクラスでも最後に行われます。3〜5分というひとときの間、体の力を抜き、完全に眠るでもなく、リラックスした状態をつくり、"空白"を感じ、昼寝の後のような爽快感が得られるポーズです。脳の興奮状態をすぐに落ち着かせ、次の活動へと切り替えられるようになるため、睡眠不足や眠りスイッチを入れづらい子ども、心配性で不眠の子どもたちなど、心の"空白"をつくりづらい子どもにとくにオススメです。

疲れが消える「休息のポーズ」

<難易度>
★★★

効果
ココロ ♥ 心を落ち着かせる／疲れを緩和する
カラダ 体をリラックスさせる／軽度の頭痛をやわらげる

①あしをこしのはばより広げ、両手をこしの横に、手のひらを上にむけておき、あおむけになる。視線はつねに上、または目をとじましょう。

②力を抜いて体をリラックスさせ、3分間呼吸を続けます。

長くする場合は
5分くらいにしても OK！

③時間がきたら起きる準備。手とあしを揺すり、両手をグー・パーにして体をのばします。

④ゆっくりと起き上がってあぐらになり、深呼吸をして目をしっかりあけます。

⑤手でやさしく自分の体をトントンとマッサージし、おやすみモードだった頭と体を起こします。

あおむけになるのがいやな場合は、体育すわりで行っても OK！

アドバイス　落ち着きのない子どもが多いと、クスクス笑い声が出たり、動き回るため、絵本の読み聞かせも OK。私語が多い場合は、大声で叱らず「ラッコの呼吸」（95 ページ）へ切り替え。また、スムーズに仰向けに移行しない場合は、「背中を床につけると気持ちいいよ」と勧めます。「シーンとして、呼吸以外しないとどうなるだろう？」と静けさを味わうことの価値づけをします。てんかん発作のある子どもは、昼寝の後に発作が出る可能性があるため、必要に応じて主治医に確認することが重要です。学校では、深い眠りになりすぎないよう注意が必要です。仰向けで取り組むのであれば、おなかの上にぬいぐるみやお手玉を置くと、おなかの動きを感じやすくなります。

【心をつかむコツ】目をつぶるかどうかは本人に選ばせましょう。仰向けに寝転がると、腰が痛くなる子どももいます。その場合には、ひざを立てて行います。両手の位置もしっかり指示することで落ち着きます。

コラム2　障害のある子どもにヨガが貢献できること

　発達障害の傾向がある子どもは、体がやわらかくて低緊張とも言われ、注意が必要です。では、障害がある子どもには、ヨガができないのでしょうか？

　自閉症スペクトラム・アスペルガー症候群（ASD）、注意欠陥・欠如多動性障害（ADHD）、限局性学習障害（SLD）、発達性協調運動障害（DCD）に加え、ダウン症やプラダー・ウィリー症候群などの場合も体が独特な感じを持ちます。脳性まひによる体幹や下肢の不安定さもあります。"動かすことは努力がいること"であり"動くことの難しさを表現できない気持ち"に理解を示してください。体を動かすことへの意欲を高めることを目指しましょう。

　知的水準に合わせて言葉で説明したり絵やイラストで説明すれば、ヨガの呼吸もポーズも楽しんでくれます。理学療法士や作業療法士によるリハビリを受けている子どもは、状態が軽度になっていくにつれ、リハビリ卒業となります。しかし、日常生活の困難さがゼロになるわけではありません。そんな時、何か体を動かしたい、という子どもへ、ヨガは優しくヒントをくれます。車椅子で過ごす子どもも、補装具をつけて生活している子どもも、ゆっくり呼吸しながら動物や自然の真似をして笑顔になることを私は知っています。主治医やリハビリの先生の助言をもらいながら、ぜひヨガを楽しんで欲しいと思います。

　これらの子どもたちとヨガを楽しむコツとしては、❶15分程度を1つのレッスンとするなど短い時間で行う、❷疲労のサインを見逃さず、頻繁に休憩を取る、❸成功体験を積み重ねるため、難易度を上げずに同じ呼吸もしくはポーズをくり返す、といった工夫があります。

　車椅子の子どもは、第1章のチェアヨガが推奨されますし、第2章のマットヨガは知的水準や障害の程度と運動習慣に合わせて、1つの呼吸・ポーズを何呼吸行うかを検討されるとよいと思います。多くの場合、2呼吸（吸って吐いてで1呼吸と数える）程度でも難しさを感じる子どももいるため、十分な観察をもとに、専門家の助言を受けながら実施していくとよいでしょう。第3章は通常の学級および特別支援学級・特別支援教室に在籍する子ども向けのアクティビティです。障害のある子どもがキラリと光るために、集団の輪の中に存在することを促していきます。

　なお、本書のプログラムのベースとなっているYoga.Edでは、子どもの頚椎への配慮からあまり上を長く見させることは推奨していません。子どもの発達に合わせてヨガを提供することは重要だからです。

第3章

グループでできるヨガアクティビティ

一人ひとりが輝く
楽しい遊び
子どもの苦手なことが
「面白くてやってみたい！」
に変わる！

〈呼吸法＋ヨガポーズ＋ヨガゲーム〉が
1つのプログラムになったアクティビティに挑戦しましょう！
総合、道徳、保健、クラス遊び、ソーシャルスキルトレーニングに活用できます！

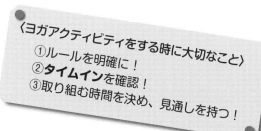

〈ヨガアクティビティをする時に大切なこと〉
①ルールを明確に！
②**タイムイン**を確認！
③取り組む時間を決め、見通しを持つ！

33 授業中、おしゃべりがやめられない！
騒がしい教室を落ち着かせる〈ゾウさん・アリさんゲーム〉

●授業が始まっても騒がしく、落ち着きがありません……

　机の上にも、イスの下にも学習道具が散乱している……。チャイムが鳴って授業を開始したのに、子どもたちはあちこちを見て、おしゃべりをしています。時折、お笑い芸人の新ネタの真似をする声が教室中に響き渡ります。もう始業時間です！　先生は、つい大声で「静かにしなさい！　うるさい！」。叫んでしまった直後から自分の内側ではザワザワとした気持ちが芽生え、「ああ、また怒鳴ってしまった」と後悔が始まります。しかし、子どもたちは、叱る先生を嫌いだとは言いません。多くの場合、クラスの秩序を守るためだと理解すれば、規律正しい良き先生と捉えます。規律正しい空間に子どもたちがいるには、先生自身がより具体的で明確で一貫したルールを持ち、自信を持ってわかりやすく提示することが重要です。

ゾウさん・アリさんゲーム

「山のポーズ」(51ページ)だよ

①イスのうしろ、または前で、両あしをグーの手1つ分あけて姿勢よくまっすぐに立ちます（場合によってはスペースを確保します）。

②音楽をかけて、先生が言うとおりの歩き方で自由に教室の中を歩きます。
[歩き方❶]「ゾウさん歩き」かかとから大股で！
[歩き方❷]「アリさん歩き」つま先で小股で！

③音楽が止まったら「山のポーズ」で止まります。せなかを長くのばし、あしのうらを感じます。

④①〜③を3〜5回くり返します。音楽を聞いて行動をきりかえられるよう、伝えます。

アドバイス　騒いだり乱暴なふるまいをしてしまった子どもには、別の部屋で心を整えるタイムアウト法*が有効な場合があります。Yoga. Edのプログラムでは、タイムアウトではなく、**タイムイン**を重要視しています。タイムインの間は、同じ部屋の中で、静かな場所（隅や廊下側など）を見つけ、足を壁に上げたり、「ラッコのポーズ」（95ページ）でリラックスさせます。可能ならば、数分間、呼吸し、自分の内面で何が起きているか注意させ、何が原因で悪い態度になったのか振り返ります。

【心をつかむコツ】「山のポーズ」の最中に、先生がくすぐる真似をすると、子どもはピタッと止まり、盛り上がります（皮膚感覚が敏感な子どもには触ることを動きで見せ、予測させてから行う）。音楽の種類によって歩くスピードを変える、ゾウさんはおしゃべりOK、アリさんはなし、というルールを加えてもよいでしょう。

ウォーミングアップにオススメ！　ヘビの呼吸（13ページ）、戦士のポーズ（65ページ）

---

*タイムアウト法：数分間、別の場所で静かにさせるなどして心を落ち着ける方法

第3章　グループでできるヨガアクティビティ

34 マイペースな子どもが多い！
チームを団結させる〈進め・止まれ・背中合わせゲーム〉

●クラスで決めなくてはいけないことがあるのに、まったくまとまらなさそう……

　無表情のまま独り言を言う子どもがいます。怒っているのか、悲しんでいるのかも表情から読み取れません。そうした子どもたちの社会性の未熟さは、集団参加の場面でも目立ちます。クラスの話し合い活動などに参加しようとしなかったり、場の雰囲気を悪くする発言や態度をすることも……。話し合いが進まなければ活動ができません。社会性の基礎となるのは、相手のボディランゲージを読み取る力。背中同士を合わせるゲームで、人との体の距離感を学び、相手を探すために相手の表情や動きを観察します。先生の声かけに合わせて、友だちを探すこのゲームは、普段あまり関わりのないクラスメイトとの交流も期待できます。自分の興味・関心に固執せず、友だちのペースに合わせたり、友だちを見つける勇気が芽生えるきっかけになるでしょう。

進め・止まれ・背中合わせゲーム

①先生が「進め！」といったら、教室（部屋）の中をすばやく歩き回ります。

②先生が「止まれ！　せなかあわせで」といったら、1番近くにいる人を見つけます。

③先生が【1・2・3】と数えおわるまでに2人でせなか合わせになります。

せなかあわせをした相手に、「ありがとう」と伝えあおう！
ドキドキがすこし小さくなるよ

アドバイス　なるべく広い場所で行いましょう。教室内で行う場合には机とイスを退けましょう。参加する子どもの人数が奇数の場合には、先生も仲間に入ります。歩く間は、先生が好きな音楽か、子どもたちに人気の音楽をかけるのもオススメです。「止まれ」の号令は1～2分後に出します。号令を出す時には音楽を止めて、号令を集中して聞けるようにします。

【心をつかむコツ】ハイスピードで走ってしまう子どもには、「かかと歩き」（ゾウさん歩き、79ページ）にするように伝え、落ち着かせます。クラス全員で数を数え、呼吸すると一致団結する雰囲気になります。参加を渋った子は、部屋の端から見学させるか、ポーズの種類を選ばせる、など役割を与えてから見学させると、見て学ぶという学びの機会が得られます。ゲームの終わりに、「たくさんお友だちを見つけられたね」とふりかえます。応用編として、背中合わせ後に、ヨガポーズをとることもよいでしょう。山、木、イスのポーズの3つのうちどれか、と具体的にヨガポーズを決めておくとルールが明確で取り組みやすいです。

ウォーミングアップにオススメ！　ウサギの呼吸（31ページ）、ドラゴンのポーズ（61ページ）

35 新学期のはじまりに！
お互いのことをよく知り、仲よくなる
〈このポーズはなあに？ ゲーム〉

●クラスの和を乱して自己中心的なふるまいをしています……

子どもたちの関心を引きたい時、クイズを導入するのは有効です。しかし、中にはいつも落ち着きがなく、大声でクイズの答えを言ってしまい、答えを考えられていたほかの子どもたちからひんしゅくを買うという子どももいます。そんな時にオススメなのが、答えを体で表現する「このポーズはなあに？ ゲーム」です。言葉で回答するのはNG。挙手して大きな声で発言することを禁止してしまいます。答えがわかった人は、先生のポーズを黙って真似をするというルールをつくっておけば、一瞬にして、教室は静かになるし、体のトレーニングにもなる一石二鳥のヨガゲーム。出題は、ヨガのポーズに限らなくてもOKです。見た動作を記憶し、つま先の向き、腕の角度、時には表情まで、クイズ形式にすることで体の使い方をたのしく練習できます。

このポーズはなあに？ゲーム

初級編

代表の子どもがしたポーズを、ほかの子どもたちも一緒に行い、やり方を確認しあうのもGOOD！

①黒板の前に呼ばれた子どもがヨガ呼吸やポーズをします。先生が「このポーズはなあに？」と聞くので答えを考えましょう。

②わかったら、しずかに同じポーズをして体で答えを示します。問題をだす人を交代してくり返し行います。

上級編

ヨガに関係のないポーズでもOK！

①先生または代表の子どもが前にでて、10秒くらい教えていないヨガ呼吸やポーズをします。「このポーズはなあに？」と聞くので、だまって同じポーズをして体で答えを示します。

②そのあとみんなでそのポーズに名前をつけたら、新たなヨガポーズ（ヨガ呼吸）のたんじょうです！

アドバイス

先生の動きに対して、子どもたちが好きな動物や食べ物、アニメのキャラクターなど、興味を持つような名前をつけても良いでしょう。うるさくなりすぎたと感じたら、「がんばりすぎちゃったね」と声をかけ、子どもたちに呼吸法を選択させ、落ち着かせます。時にはペアや班ごとで話し合う活動も取り入れ、子どもたちを信じ、自主性が育つことを期待しましょう。クラスの自由場面におけるルールを子どもたち自身が模索するために大切な活動です。

【心をつかむコツ】 人前に出ることを子どもに強制しないようにしましょう。順番にこだわりのある子どもが多い場合や、高学年は順番を先生が決めてしまいましょう。〇月生まれの人、〇座・〇型の人と、自然に前に出たくなるような声かけをしましょう。ポーズや呼吸が思い浮かばない場合は、先生から指示を出します。嫌がる様子があった場合には、「また今度ね」とすぐに切り替えます。

ウォーミングアップにオススメ！ ハッピーな呼吸（23ページ）、下向きの犬のポーズ（55ページ）、コブラのポーズ（57ページ）

第3章　グループでできるヨガアクティビティ

36 友だちと意見がぶつかりやすい！
お互いの個性を認め合う
〈謎の箱を開けろ！ ゲーム〉

●クラス内で対立し合い、問題がなかなか解決しません……

　クラスメイトの微妙な関係性に気づいて心配りができなかったり、自分の気持ちが優先されない時に、納得がいかず不機嫌になったりする子どもがいます。また、思春期のはじまりは、異性との考え方の違いからケンカが増える時期でもあります。1つの物に対して多様な観点から自由に考えを共有することができるこのゲームは、クイズの正解を求めるのではなく、考える途中の気持ちに焦点を当てることを要求します。すぐに物が手に入る現代社会だからこそ、"待つこと"や"時間をかけてコツコツ積み重ねること"の大切さを学びます。ヨガは、呼吸の始まりと終わりの変化、ポーズに向かう間の気持ちを観察すること（＝過程）を大切にします。最終的な見た目の形にとらわれず、自分の内側に起こっている感情と体の変化を自由に感じるのです。

やってみよう！

謎の箱を開けろ！ゲーム

①先生がもってきた箱の中になにが入っているかを考えるゲームです。

②先生は、さわった感じや、音をたててヒントをだします。先生の表情もヒントです。よく観察しましょう。

たとえば中身がえんぴつなら
● これは、かたくて細いです
● 先っぽがとんがっています
さあ、なんでしょう？

③答えがわかったら、手をあげて、先生に当てられた人がこたえます。

④箱をあけて答えの発表です。

大切なのは、こたえが当たるかどうかではなく"考える"ときのきもちだよ

アドバイス　考えに時間をかけることの重要性を説いても、衝動性の高い子どもや我慢強くない子どもには難しいでしょう。その場合、「シンキングタイムは○分です」とゴールを決めます。そして、気持ちを表す言葉や表情をいくつか黒板に示し、指差しで選ばせ、感じたことを視覚化して時間をかけたことへのがんばりを褒めます。"待つ"ことについて深く考えたり、新しいことへの不安を調整したり、まだ親しくなっていない相手との関わりを類推したりする心の土台をつくることができます。待つことを理解させる時には、「プレゼントの中身を考える時の気持ちは？」「友だちを待つ時の気持ちは？」「ブランコの順番を待つ時の気持ちは？」と、"待つ"シチュエーションを年齢や子どもの性格に合わせて変えて質問するのもGOOD！

【心をつかむコツ】 ②の時には、「中身がわからないというのは、どんな感じですか？」、「イライラしますか？」「ワクワクしますか？」、「他にはどうですか？」と問いかけて、反応を待ちます。当てるのではなく、考えている時の気持ちを観察することが目的です。

ウォーミングアップにオススメ！　おなか・胸の呼吸（35ページ）、イスのポーズ（70ページ）

37 心の傷を抱える子どもが多い！
友だちとの信頼感を高め合う
〈花の呼吸〉〈ダブル・プレッツェル〉〈チョウチョのボディスキャン〉

●苦しい家庭環境におかれ、自己肯定感がとても低くなってしまっています……

　誰かに大切にされた経験がないと感じていると、自分も他人も大切にできません。愛情を知らないから自ら嫌われる言動を無意識に行う。突然「死ね！もう来んな！」と暴言を吐いたり、友だちや先生を殴ってしまうことも……。それは、その子どもが受けた大きな心の傷でもあります。クラスへの所属感や相手への信頼感を育てるため、仲間とともにこのワークに取り組みます。反抗し、嫌がる時ほど、その子の心の扉が開き始めている時。先生は動じることなく安定して、ただそこに「存在」します。言葉でコントロールしようとせず、心と心で勝負することが秘訣。その子の肩甲骨あたりをゆっくりタッチして、ゆっくりとした呼吸を促しましょう。水分を取らせ、頭の付け根に保冷剤をのせ、頭自体を冷やすのも裏技として用意しておきます。

やってみよう！①

〈ペア呼吸法〉花の呼吸

手のひらの力をぬいて、ゆびをひらくよ。
手の中には大切なものを入れているようなイメージ

①片方の子どもは手首をあわせ、左右の親ゆび同士、小ゆび同士をくっつけて、手でお花の形をつくります。

ゆびが目に入らないように気をつけて！

②手でつくったお花をパートナーの顔に近づけます。距離はふでばこ1つ分くらいはなします。

どんな香りがすきかな？

③パートナーは花の香りをかぐようにはなからゆっくり深く吸います。

はずかしいなら、音はださずに息を吐くだけでもOKだよ

④口から息を吐いて「アー」もしくは「フー」と声にだし、花びらをやさしくふきとばすイメージで行います。

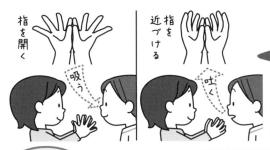

パートナー同士が呼吸をあわせるとじょうずにできるよ

⑤パートナーが息を吸っている間はゆびを広げ、吐いている間はゆび先を近づけます。

> **アドバイス** すべての指を呼吸のリズムに合わせて、近づけ、遠ざけることが苦手な子は、両手の上にハンカチをかぶせ、ハンカチの形を小さくしたり大きくしたりすることを楽しませましょう。

【心をつかむコツ】 1人でもできる呼吸です。両手を自分の顔の近くに持ってきて、呼吸に合わせてお花を開いたりしぼませたりしていると気持ちがおだやかになっていきます。指1本ずつ動かすこともトレーニングの1つになります。「花びら1枚ずつひらいてみよう」と指を離すよう指示してもよいでしょう。

第3章　グループでできるヨガアクティビティ

〈ペアポーズ〉ダブル・プレッツェル

①2人でむきあい、あぐらになって、お互いのひざがくっつくぐらい近づきます。

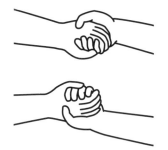

②息を吸って、右手と左手、左手と右手をつなぎ、引っぱることを確認します。

③息を吐いて、右手を自分のうしろ側にもっていきます。

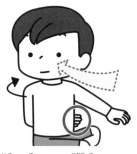

④息を吸って、左手をななめ横にだします。

⑤息を吐いて、左手をパートナーの右手にとどくようにのばします。

⑥手をつないで、息を吸って、背すじをのばします。

⑦息を吐いて、うしろの手のほうに体をねじります。

⑧ねじりを止めて、休けいしたら①〜⑦をくり返します。

⑨ポーズを終えるときは、その場でハイタッチをして「ありがとう」をいおう！

> 誰かに引っぱってもらうと、きもちがいいね！
> パートナーを頼るには、自分を信じ、頼る力が必要だよ

やってみよう！③
チョウチョのボディスキャン

チョウチョだけじゃなく小鳥をイメージしてもいいよ！

①目をとじて、楽な姿勢ですわるか、横になります。

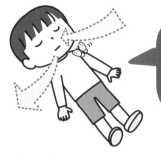

②自然な呼吸をし、そのままチョウチョがひらひら飛んでくるのをイメージ！

いまどんな気持ちかな？
ドキドキ？
ソワソワ？
ワクワク？

今、あなたの足の上にとまっているよ。つぎはひざの上に…おなか…むね…かた…あたまにとまっています

④チョウチョがあしに止まったのをイメージ！

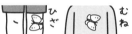

⑤チョウチョが止まる部位をひざ、もも、おなか、むね、肩、頭と変えながらつづけます。

頭・肩・おなかのどこがのびたかな？

⑥全部終わったら、両手を上にのばし、ゆっくり深呼吸します。

⑦しっかりと目覚めて体を起こします。

アドバイス　子どもが仰向けの姿勢が苦手だったり、ADHDなどですぐに動き回るタイプだと、仰向けで目をつぶり、静かにするなどとても難しいことです。その場合には、子どもと「この歌の1番だけ」と決めて、大声で歌わせて、衝動性を発散させます。その後、先生が、チョウチョの動きを手で作り、その指先で子どもの体をタッチします。意識を1つに集中するため「はじめに右あし。次に、左あし……」と、1つ1つ体の部位の名称から気づきを得ると、自己コントロールにつながります。目で見えない状態で全身をイメージすると、固有感覚を育てるきっかけにもなります。

第3章　グループでできるヨガアクティビティ　89

38 ケンカが絶えない！
仲間への思いやりを育てる
〈ダブル・クマの呼吸〉〈ダブル・ドラゴン〉
〈ヨギーニさんが転んだ〉

●自分の思いが叶わないと周りの人の攻撃を始めます……

　怒った表情で涙目になりながら殴り合いのケンカをしてしまった２人。自分がきっかけでケンカになったことに気がつかず（または認めようとせず）、先生に注意されても「僕やってません」と嘘の言い訳……。自己中心的なふるまいの多い子どもには楽しい経験や心地よい経験を仲間と共有させましょう。意味のない正義感から相手を傷つけたり、力の入れ具合がわからず、学校の備品を壊してしまう子どもが多い場合には、２人で協力して呼吸やポーズが完成形になる「ダブル・ドラゴン」が有効です。誰かと協力する楽しさを感じられれば、「ごめんね」や「ありがとう」という言葉を心から言えるようになっていきます。同時に興奮状態をコントロールでき、イライラも不安も吹き飛ばせ、感情のミスマッチが整います。

〈ペア呼吸法〉ダブル・クマの呼吸

①となりの席同士でペアになり、むかいあわせにすわり、おたがいを見ます。

②「クマの呼吸」（29ページ）のやり方を確認します。

> 2人が同じ方向をむき、呼吸する人はパートナーのせなかにタッチするのもOK

③はなから深く吸って、パートナーのひざや肩をやさしくさわりながら【1・2・3】とカウントし、リズムにあわせて呼吸します。

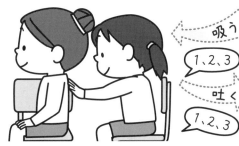

④③を何度かくり返し感想を言いあいます。

アドバイス　呼吸のカウントは2からはじめ、お互いが心地よく呼吸できたカウントの数を相談し合います。「数が少ないとどうか？」「多いとどうか？」と比べるのもよいでしょう。

【心をつかむコツ】話し合いができないペアは、先生が一緒にカウントする数をカードを引いて決めるとゲーム性が高まるでしょう。呼吸のリズムやカウントを合わせることを目的とすると、自然にコミュニケーションが生まれます。言葉で確認する子どもや、目配せしてタイミングをとる子ども、意欲のない子どもを励ます子どももいるかもしれません。いずれにしても最後に、2人で協力し挑戦できたことを褒め合うワークを入れましょう。他人を押すなどの行為が目立つ子どもには、赤いクマ、黄色のクマ、とカウントのスピードを変え、あえて速いスピードにして1人で行わせます。粘り強くくり返していくと落ち着きはじめます。

・ペアになることを嫌がる場合は強要しないようにします。やりたいという本人の意思をふまえて行いましょう。

・手イタズラが多い子どもには、「ラッコの呼吸」（95ページ）か、自分の体をさわらせてカウントするのもよいでしょう。

第3章　グループでできるヨガアクティビティ

やってみよう！②

〈ペアポーズ〉ダブル・ドラゴン

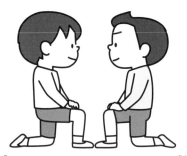

①２人でむきあい、おたがいのひざを近づけて右ひざ立ちになります。

②２人同時に息を吸って、両手をつなげるくらい前にのばします。

③２人同時に息を吸って、両手を上にしてのばします。

④２人同時に息を吐いて、おたがいにむかってパワーをだすように「ハア！」と吐きだします。

バランスをとりづらいときは、手をこしにおき、呼吸できればOK！

エネルギーでいっぱいにした元気ボールのプレゼントをペアのパートナーと交換するイメージ

⑤左あしを手と手の間、体の前にだし、②〜④をくり返します。

アドバイス 大声を出せない子どもは、緊張が高いため、ペアと視線を合わせられたらOKとルールを変えます。相手に向かって大声で叫ぶ時は、ふだんはケンカや一方的に怒っている場面が多いでしょう。このヨガポーズは、あえて相手に向かって呼吸することで、適切な声の大きさを学ぶことができます。鏡のように反対のあしを前に出してもよいし、右あしを前に出すことに統一してもOK。

【心をつかむコツ】 ゲームのキャラクターの進化に例えたり、電車の連結に例えて意欲を高めます。相手とぶつからないようにほどよい距離を示すため、ポールや床の線、しるしなども活用しましょう。

やってみよう！③ ヨギーニさんが転んだ

だるまさんがころんだと同じやり方だよ！

①1人が前にでて、みんなに背をむけて立ちます。みんなは、2～3メートルほどはなれたところで横1列にならびます。

②「ヨギー・ヨギーニさんがころんだ」のかけ声にあわせて、ならんでいた子どもたちは前に進みます。

山、木、ヘビ、犬など覚えやすいヨガポーズがGOOD！

③かけ声が止まると同時に前にでた子どもは振り返り、進んできた子どもたちは、習ったヨガのポーズをしてピタッと止まります。

④止まれなかった子どもを見つけたら、前にでた子どもは、その子の名前をよびます。当てられた子どもは、スタートラインへもどります。

アドバイス

ポーズのうまいへたではなく、動作を止めることが目的であることを確認します。「呼吸するとバランスが取れるよ」と呼吸の大切さを解説し、チャレンジさせると自然と集中していきます。体がグラグラした時こそ、「止まれるかな？ 難しいね！」と笑顔で励まします。前に出た子どもがうまく役割をこなせない場合には、「先生が今日はAくんロボットを操縦するね」と了解を得て、台詞を代わりに言います。時間を守れるように回数は事前に決めます。

【心をつかむコツ】 ゼッケンがあれば、前に立つ子どもに付けさせるとよいでしょう。高学年向けには、前に出た子どもがどのポーズで止まるか決めておくというルールを追加するとレベルアップ。衝動性が高い子が多い時は、ケンケンで歩くなど、ルールを追加します。その場合は、ポーズの選択肢を3つ決め、全員がポーズの名前とやり方を理解しているか確認してから行います。うしろを向くタイミングで、先生が音を鳴らし（音楽、鈴、カスタネット、タンバリンなど）マンネリ防止！

39 いじめがあった時！
グループのなかのキャラ設定を防ぐ
〈ラッコの呼吸〉〈ダブル・星のポーズ〉
〈こんにちはあそびゲーム〉

●隠れて悪口を言っているつもりですが、本人はうっすら気づいています……

　子どもが一人、暗い表情で歩いています。「どうした？」と声をかけると「なんでもありません」と笑顔。そんな状況に遭遇すれば、きっと違和感をおぼえるでしょう。いじめの定義は、加害者・被害者・観衆・傍観者という4層構造があると指摘されています。また、加害者と被害者の立場が逆転したり、クラス内全員が順番にいじめのターゲットになっていることもあります。発達障害の子どもは、自分が加害者なのか被害者なのかを理解していないこともあります。年齢が上がるとSNSのやり取りに端を発したいじめが激増し、陰湿で大人からは見えない形がほとんどです。偏見のない心を持って、倫理観の中で生活することを学ぶことがいじめ予防に役立ちます。国際化も深まり、文化の違いを学ぶ心も合わせて必要です。

やってみよう！①

ラッコの呼吸

①あおむけになり息を吸って、両あしをおしりに近づけます。

②息を吐いて、マットの幅にあしをひらき、両ひざをあわせます。

③上半身をまっすぐにし、息を吸って両うでを天井のほうへのばします。

④肩・せなか・こしを動かさず、息を吐いて右うでを左うでの上にくるように交差させ、手を組みます。

⑤息を吸って、ゆび先を下から自分のほうへ回し、両うでの間を通します。

体はダラーンとリラックス！

⑥息を吐いて、両手をむねの上、あごの下において休みます。

ど～んなかんじがしたかな？

⑦起き上がるときにも、呼吸をつづけ、しっかり目をひらきます。

・いす　・ひざだち

イスにすわったままでも、片ひざ立ちでやっても OK

アドバイス　右手と左手が交差することで、右脳と左脳が同時に刺激されます。自然と気持ちが落ち着いたか、互いに確認し合います。

【心をつかむコツ】低学年の場合には、仰向けになる前にしっかりと手の組み方を教えましょう。手を組めない子どもは、単純に組むか、合掌するか、片手をおなかに乗せ、もう一方の手を胸にのせた形でもOK。イスに座ったまま・体育座り・ひざを立てた仰向けで「休息のポーズ」（75ページ）を行う時に手を組み「ラッコの呼吸」をするのもオススメです。落ち着いた状態とは、心と体はどんな感覚か、覚えていくことも重要です。

第3章　グループでできるヨガアクティビティ

やってみよう！②

〈ペアポーズ〉ダブル・星のポーズ

両手を横に広げてもとなりのペアとぶつからないくらいはなれておこう

①おたがいにむきあって立ち、「山のポーズ」（51 ページ）。

②息を吸って、両手を大きく広げ、息を吐いてあしも広げます。

③ペアになった2人は、まるで鏡を見ているように同じ動きをします。

④2人ともが息を吸ってから【1・2・3】のカウントで手・あしを動かし、息を吐いて動きを止めます。

2人は同じタイミングで同じように動くよ

⑤人間役の子どもが手をグー・チョキ・パーに動かしてみたり、あしをつま先立ちにしてみたり。鏡役の子どもはその真似をします。

うまくできないときは…

先生が人間役、子どもが鏡役になります。先生が「スタート」と言ったら、右手だけ、左あしだけ、というように体の1カ所を自由に動かすので鏡になって体を動かします。

アドバイス 鏡役と人間役は事前に決めておくようにしましょう。
【心をつかむコツ】子ども同士では、うまくいかない時や低学年の場合は、子どもたちが鏡役となり、先生の動きを真似させるとよいでしょう。発達障害の子どもには、むずかしいゲームになりますが、見て記憶して模倣する力を伸ばす効果があるので、「上から下、右から左とじっくり虫メガネで見てみよう！」と励まし、具体的に「まずは手はどうなっているかな？」と注目するポイントを教えます。人間役となる先生が、鈴をつけたゴムを手首・足首につけて、意識させるとダンスのように楽しめます。

こんにちはあそびゲーム

①事前に決めた班（グループ）が集まるようにつくえとイスを移動します。

②順番を決め、伝言ゲームのように、となりにすわっている友だちにアイコンタクトをしながら「こんにちは」といいます。

③つづけて「あなたの目は○色をしているね」と、あいての目の色を伝えます。あいての表情をよく見ることの大切さを伝えます。

④全員が終わったら、どんな感じがしたか自由に話しあいます。自分とあいてとの感想のちがいを学びます。

アドバイス　もしもクラスでいじめが起きてしまったら、こうしたゲームを利用し、自己否定・他者否定ではなく、適切な自己開示の練習をさせましょう。このゲームのポイントは目の色を観察することです。空気が読み取りにくいタイプの子どもの認知スキルを伸ばすだけでなく、心を閉ざした子どもの世界を理解するきっかけにもなります。

【心をつかむコツ】 導入では「目を合わせて話す時には、恥ずかしかったり、緊張したり、幸せだったり、いろいろな気持ちがわいてくるかもしれません。"こんにちは"の言葉を言った後はどうでしょうか？」と伝えます。場面緘黙の子どもや、自閉的な傾向がありアイコンタクトが苦手な子どもは、体の向きを正面にする、鼻を見るなど、別のルールを提案し、了解をもらえたら取り組んでもらうと、子ども同士の「心の波長合わせ」を促すことができます。正解はないゲームです。「私は〜と思った」という意見を称賛します。

40 クラスに不登校が増えた！
仲間を信じられるようになる
〈ダブル・ツリーのポーズ〉〈ダブル・ボートのポーズ〉〈ウェーブゲーム〉

●クラスの子どもが不登校になりました……

　「どうして学校に行かなくちゃならないの？」という疑問をもつ子は少なくありません。発達のアンバランスな子どもや情緒豊かな子ども、哲学的に物事を捉える子ども、常識的に物事を捉えない子どもの多くが、この悩みを抱えています。そして学校に居場所がない、受け入れられていないと捉え、休みがちに……。不登校の理由には、「無気力型」「遊び・非行型」「人間関係型」「複合型」「その他型（体調不良など）」の5つが知られ、そのなかでも「複合型」の対応は、千差万別。不登校の子どもがいると、クラスの雰囲気は悪くなりやすく、「ずるい」といった嫉妬が生まれることもあります。ネガティブな感情の渦が広がらないためには、まずは、空席のイスと机の位置を綺麗に整え、その子どもに想いを馳せることが始まりです。

98

〈ペアポーズ〉ダブル・ツリーのポーズ

①2人が横並びに立ち、「山のポーズ」（51ページ）。こしに手を当てバランスをキープ！

②息を吸って、パートナーのいる側と反対のあしをもう片方のあしにそえます。

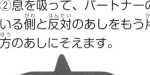

2人のタイミングで呼吸をあわせて！

③息を吐いて、2人の手のひら同士をあわせます。ふらふらしてしまうときは、外側の手を上にあげてバランスがとれるかを確認します。

> 手のひら同士押しあうとバランスがとりやすいよ

> あしをひざにひっかけてバランスとるのはNG！

④息を吸って、手のひらを押し当てながら、両うでを頭の上にのばします。

⑤息を吐いて、パートナーとは逆の外側のうでを高く上にのばします。【1・2・3】のカウントで呼吸をくり返します。

⑥うしろをむいて反対のあしが軸になるほうも行います。最後にほかのお友だちともやってみようね！

アドバイス　**【心をつかむコツ】** ペアの後、1人でも「木のポーズ」に挑戦させ、ペアで行うほうが、バランスを保ちやすいということを学ばせます。手は腰のままでもよいので、支え合う感覚を見つけます。仲のよい子同士のペアを行うだけでなく、身長が近い子、同じ班の子、などいくつかパターンを変えると心理的な効果が上がります。自分の体がどんな状態だとバランスがとれるか、違いに気づかせます。

やってみよう！②

〈ペアポーズ〉ダブル・ボートのポーズ

<難易度>
★★★★

効果
ココロ ♥ コミュニケーション能力を高める
カラダ 姿勢の改善／太ももからあしのつけ根・腹筋・背骨・腕・首の強化／ハムストリングス・胸部のストレッチ

①パートナーとむかいあってすわって始めます。おたがいの目かはなに視線をむけます。

②息を吸って、ひざをまげてパートナーとつま先同士をつけられるようにします。

はだしになってもいいよ！

③息を吐いて、あし首をまげて、パートナーとおたがいのあしのうら同士をあわせます。

ポーズを終わるときは、自分とパートナーが準備できていることを確認しあい、ゆっくりあしをゆかにおきます

④吸って、前に乗りだして、パートナーのひじ下か手首をやさしくもちます。

⑤吐いて、両あしを押しあって、片あしずつ引き上げます。

⑥吸って、背すじをのばし、呼吸をつづけます。

アドバイス　体の不器用さがある子ども、対人不信がある子どもは、足の裏同士をくっつけてタイミングを合わせることが不得手です。かかとを先生が支え、片あしずつ上げて下ろしたり、足を上げずにひざを少し曲げたりして、そのまま背すじを伸ばすように励まします。親子で取り組み、少しずつあしの距離を離して、1人でバランスを取る練習をすると、親と離れて過ごす時間に向かう自信がついていきます。足の裏のマッサージや、足の指をグーパー広げる、足の裏をくすぐる、ビー玉を足で転がすという準備運動も入れましょう。⑥の時におしりがいたいという子には、クッションなどで支えを作りましょう。

やってみよう！③
ウェーブゲーム

> ウェーブは、観客が代わるがわる立ち上がって腕を上げて、海を移動していく波のように見える動きをつくることだよ

①一列にならぶか、輪になります。教室ですわったまま行ってもOK！

②ウェーブの動いていく方向と、先頭でウェーブをおこす子どもを大人が決めます。

③待つ人はひざをまげ、両手をゆかにつけて、うずくまります。

④最初の人が両手を動かしたら、2人目が動きだします。2人目が動きだすのを確認したら、3人目の人が動き……と、後につづいていきます。

⑤先生が「始め！」といったら、ウェーブをつくり始めます。

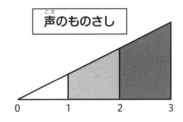

声のものさし

アドバイス　「オー」とかけ声を出し、スポーツ観戦の雰囲気をつくりましょう。輪に入れない子どもは「旗を振る係だね」と言って、肯定も否定もせず、先生の横に座らせます。「はじめ！」の号令係や、ウェーブの計時係といった役割を与えます。ほかの子どもを押す子どもや騒がしい雰囲気が苦手な子どもには、教室での見学を促します（タイムイン：79ページ）。列や輪に入れずとも活動していることを聞いて見て知ることは、関係性をうまく構築できない子どもにとって大切です。

【心をつかむコツ】 声が大きすぎたり、小さすぎたりする場合には、「声のものさし」を活用しましょう。前の人の様子を見て、タイミングを合わせて行うのが難しい子どもには、音でタイミングを知らせましょう。体幹がなく、距離感がつかめずに、前の子どものおしりの下に足先を入れてバランスを取っている子どもは、あぐらなど楽な姿勢で座ることもOKとし、トラブルを防ぎます。向きを「まっすぐ」、「うしろ」、だけでなく、「右ななめ」、「左ななめ」にも倒れたり、スピードを上げたり、落としたりする変則ウェーブもやってみると盛り上がります。輪になった子どもたちが相互依存をたしかに感じられるようにこころがけましょう！

番外編
90秒で先生と子どもの心の距離が近くなる
〈朝ヨガ呼吸〉

●朝1番、学級活動の時間にヨガをしてみませんか……

　教室へ行くと数名が遅刻して、寝癖のままやってくる子どももちらほら。登校してすぐに気持ちが悪いという子ども、教室へ入れず、玄関で泣きわめく子ども……。とくに、起立性調節障害の子どもは、朝の切り替えができません。校内放送に合わせて気軽に約1分半、ラジオ体操よりもコンパクトに簡単にできるうえ、朝の目覚めを促し、運動習慣作りにも最適。遅刻してきた子どもには、最後の数秒だけ深呼吸させることでもOK。また、気分が乗らない日はやらないというルールを示すと、自分の体調を自分で知る大切さを身につけられるかもしれません。朝の時間帯に体を動かす活動を取り入れると、学習動機が高まったり、身体能力が高まっていきます。先生も教室で一緒に行うことでクラスに一体感が生まれます。

朝読書・行事前の「朝ヨガ呼吸」

　下のQRコードを読み取ると、ヨガの指示を出してくれる音声データにリンクします。これらの音声を流すだけで、子どもと一緒に簡単な呼吸とポーズに取り組むことができます。約1分半と短いので、校内放送で流し、朝の運動習慣として取り組んでもよいでしょう。ラジオ体操よりもコンパクトで雨の日でも気軽にできます。教室単位でも、体育朝会など全校単位でも取り組んでみてください。

パターンA
シンプルないつでも使える朝ヨガ呼吸

パターンB
ぼんやり気分を吹き飛ばすねじりの朝ヨガ呼吸

パターンC
シャキッと目覚める朝ヨガ呼吸

パターンD
テストの点数を上げる?!　テストの朝ヨガ呼吸

解説

ヨガってなんだろう？

●心の働きをなくしてつなぐ？

みなさんは、ヨガと聞いてどのようなイメージを持つでしょうか。

すらっとした女性がやわらかなポーズをしている、インドの高僧が修行をしている……こんな場面でしょうか。

パタンジャリという紀元前のインドの学者がまとめた『ヨーガ・スートラ』には、「心の作用を死滅させることがヨーガである」と記されています。また、"ヨガ"という言葉には"つなぐ"という意味もあります。

心の働きをなくす？ つなぐ？ 難解ですね。これを理解するためのヒントは、この絵にあります。

馬車が安定的に進むためには、馬使いが手綱を握り、馬をコントロールしなければいけません。馬使いと馬が一体となるように、自分で心や体をコントロールできている状態を、ヨガでは"一つになる"とか"三昧＝悟り"と表現する場合もあります。

ヨガにあてはめると、「自分自身」が馬使い、自分の「意識、感覚、心」が馬です。

●この世の中は人の心が決めている

たとえば、こんな時、あなたはどんな気持ちになりますか？

❶イチゴを食べたいと思ってお店に入ったのに、お店にイチゴのデザートがなかった時。

❷友人にプレゼントを贈ったのに、「こんなのいらない」と言われた時。

ショックを受けて、腹を立てて相手にぶつかったり、ふて腐れて後々に悪い関係をひきずったりすることがあるかもしれません。私たちは日頃、感情の波にのまれ、つい誰かに憎まれ口を叩いたり、自分を過度に責めたり、失敗を誰かのせいにするものです。

しかし、ヨガの考え方（哲学）では、見方をちょっと変えて考えます。

❶のばあい、イチゴを食べたいのはあなたの心であり、あなたの体の中にある胃や腸は、リンゴを欲していたかもしれません。

❷のばあい、友人は、本当はうれしいけれど、気持ちを表現することが気恥ずかしいだけかもしれません。

あなたの身に起こるすべての物事は、心がその意味や理由／もしくは、出来事の価値を決めるのです。

自分の"心"の状態をしっかりと見つめ、感情をコントロールしていろいろな視点で捉えること、客観的に自分を見ることが大切だと考えられています。

しかし、本当の自分を見ることは、自分では、むずかしいのかもしれません。

だからこそ、冷静に自分を見つめる方法をヨガを通して、学んでいくのです。

●ヨガから何を学ぶのか？

ヨガでは、「心」とは内的な変化の現れであり、「体」は外的な変化であると考えます。

つまり、ヨガは、心／内側と体／外側について総合的に学んでいくことです。そのことは、自己の内・外である自分自身を大切にすることや、自分（内）と他者（外）、自分（内）と社会（外）を大切にする気持ちやふるまいを学ぶことにつながります。

それらは昔から日本文化のなかで大切にされてきた、四季折々の変化に感謝して生活をしたり、周囲の人と協力して過ごすことでは？　とも考えています。さらに、そのことは、つらい気持ちを抱えて相談室を訪ねてくる、子どもたちへ伝えたいことでもあるとスクールカウンセラーとして強く感じています。

＊筆者は、世界9大ヨガの1つであり、高度なアーサナとヨガ哲学を重要視するジヴァムクティヨガの正式指導者を師匠として学んでいます。

ヨガを通して伝えたいこと

●ヨガの教え（八支則）

　ヨガには「八支則」という考え方があります。ヨガの練習を、下図のように8つの段階に分けて示した教えです。多くの方がイメージするヨガは、3段階目の「アーサナ」に相当するヨガポーズと、4段階目の「プラーナーヤーマ」に相当するヨガの呼吸法です。ヨガそのものを深く学んでいくのなら、この本でご紹介した呼吸やポーズは、ヨガの世界のごく一部にしかすぎません。また、ヨガ（瞑想）にも種類・流派があり、呼吸やポーズをどのように取り組んでいくのかは、そのヨガ講師の方のご専門によって、印象が異なります。

●ヨガのルールと学校・社会のルール

　ヨガの「八支則」の①ヤマと②ニヤマには、それぞれ5つの具体的な行動が掲げられています。そして、それらは学校教育の生活指導や道徳で大切にしている考えと共通しています。

ヤマ（やってはいけないこと）

- **アヒムサ**：暴力をしない……自分も友だちも大切にし、言葉も気をつける
- **サティヤ**：嘘をつかない……先生、親、友だちに対しても自分に対しても正直でいる
- **アスティーヤ**：盗まない……自分のものも人のものも大切にする
- **ブラフマ・チャリア**：欲深くならない……友だちのもの（オモチャ）を欲しがらない
- **アパリグラハ**：1つのことばかりはやらない……ずっとゲームだけ、ずっと○○だけではなく、やりたくなくてもやらなくてはいけないことは、きちんと行う

ニヤマ（やったほうがよいこと）

- **サウチャ**：体をキレイにする
　　……着替えやお風呂、トイレなど自立する
- **サントーシャ**：「足ることを知る」
　　……命に感謝し、生きることに価値を見出す
- **タパス**：一生懸命にがんばる
　　……苦手なことにも挑戦し、あきらめない
- **スヴァディアーヤ**：自己を探究する
　　……好きなことを自分で見つけることのすばらしさを知る
- **イーシュヴァラ・プラニダーナ**：自然と共存する
　　……季節に合わせた生活をする

＊子どもへの説明がしやすいよう、筆者が一部改変しています。

八支則

⑧サマディ（三昧・悟りの状態）
⑦ディアーナ（瞑想）
⑥ダーラナ（集中）
⑤プラティヤーハーラ（感覚のコントロール）
④プラーナーヤーマ（呼吸）
③アーサナ（ポーズ）
②ニヤマ（やったほうがよいこと）
①ヤマ（やってはいけないこと）

キッズヨガのプログラム

　Yoga. Ed のプログラムは、学校のために学校で生まれたため、先に示したヨガ哲学そのものよりも"子どもの発達"に合わせ、ヨガを学校教育に生かすことを重要視しています。学校や療育機関等で1時間ヨガの時間を取ることは難しいでしょう。本書は学校の中で活用するための縮小版だと思ってください。

　本来、ヨガのプログラム（ヨガではシークエンスと表現します）は以下の図の通りです。本書では、教室で行うことが可能なもの、不器用な子どもたちも楽しめるものを優先して紹介しました。授業やほかの活動に大きな影響がないように、気軽さ・短時間で行うものとし、深すぎるリラクゼーションをさけています。

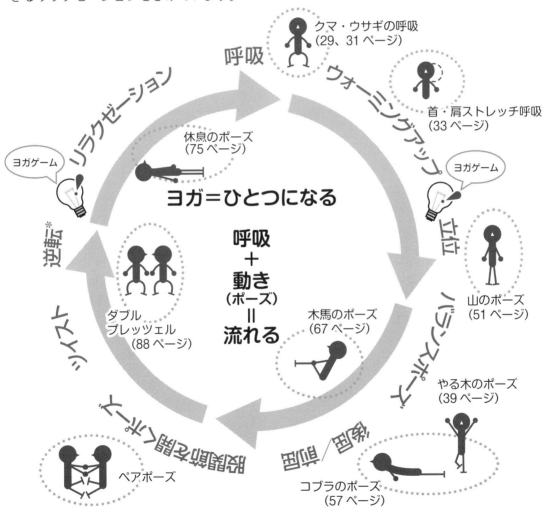

＊逆転のポーズは、本書では難易度が高いと判断し、紹介していません。

「困った」子どもに対応するヨガの効果

●ヨガとカウンセリング

　分析心理学の創始者であるユング（1875～1961年）は、自分の弟子たちに「ヨガを学ぶことは心理学を深めることにつながる」と説いています＊。

　子どもの心と体は、らせん階段のように、発達していきます。本人と保護者と支援者が、ゆっくりとした少しずつの変化を、その過程を分かち合い、楽しんでいけたら、とても喜ばしいことです。

　ヨガでは、ポーズや呼吸を通じて"悟り"という同じゴールに向かって、先生と子どもが一緒に一生懸命練習していきます。そのなかで、ポーズが上手になる、柔軟性が高まる、落ち着きが出る、といった体の見た目の変化だけではなく、人を信頼する、自分を大切にするといった心の変化も期待できます。これは、学習指導要領のなかにもある心と体への"気づき"につながることです。"感じる"ということは、とても曖昧で"共に味わう"というのが近いと考えます。

　ヨガをしたことで、子どもたちが心や体で感じたことはすべて正解です。楽しいでも、つまらないでも、ねむいでもOK。かれらが"どう感じているか"に関心を寄せ、小さな変化を観察し、ともにヨガをすることは、カウンセリングそのものでもあると考えます。

＊「クンダリニー・ヨーガの心理学」C・G・ユング著、S・シャムダサーニ・老松克博訳、創元社

●発達障害の子への実践と効果

　近年、欧米では子どものマインドフルネスやヨガの研究が進んでいます。ある論文では、ASD（自閉症スペクトラム・アスペルガー症候群）の児童にみられる不眠や胃腸障害が改善したことや、ADHD（注意・欠如多動性障害）の薬物療法の代替療法にヨガが効果的であることが指摘されています。DCD（発達性協調運動障害）、SCD（限局性学習障害）の子どもについてもよい効果を得られています。発達障害をもつ児童にそなわりにくいとされている実行機能（自分モニター力）を伸ばすためには、言葉での学習である認知スキルを伸ばすだけでなく、感覚統合の調整が必要です。

　ヨガの呼吸やポーズには、活性効果と鎮静効果があると実感しています。

　ヨガを体験した子どもたちに感想を聞くと、「気持ちよかった」「眠たくなった」「頭が痛い」「おなかがあったかい」「体が伸びた」「友だちに優しくしたい」「ストレスがなくなった」「楽しかった」「家でもやりたい」など、まさに心と体に影響があったことがうかがえる声が返ってきます。ある子は、ヨガの効果を2年後に教えてくれました。「先生のヨガの後、瞑想につ

いて知り、受験の時に活用しました」と手紙をもらったこともあります。

　現時点では、立派なデータやグラフ・表はありません。「しかし、子どもたちが変化するきっかけの1つにヨガがあるのではないか」、との思いで、日々実践を重ねています。本書では、そのなかで効果を感じたものを取り上げています。その点を汲んで、ご活用ください。しかし、心という不確かで曖昧なものほど、奥深いものはないとも思います。子どもたちの中に自分の内側にある"自由で豊かな輝くもの"に気づくきっかけをヨガで与えていきたいと考えています。

●ヨガが貢献できること

　ヨガの恩恵は幅広く、うつ・糖尿病・不安症・過敏性大腸症候群など、メディカルヨガという視点の研究も積み重なっています。私は、その中で、とりわけ増加の傾向にあるとされる不登校の子ども・発達障害の子ども、という領域が増えていくと考えています。より良い人生を歩むにあたり、カウンセリングとともにヨガのアプローチが何らかの功を奏するという体験を多くの方にしていただきたいです。

　ただ一方で、「行列のできるラーメン屋で並んで食べたが、自分の口には合わなかった」、というようなこともあるでしょう。子どもたちがヨガ以外の何かに興味を持っているならば、ヨガを強制することは意味のないことです。

　ヨガは、その奥深さから、誰がどのようにどんな頻度で行ったか、によって効果が大きく異なり、多くの論文の考察において「補完的療法である。」という表現がされます。発達障害の子どもの症状に効果があると現時点では断言できません。また、ヨガのこのポーズをすればADHDの衝動性が収まる、といった単純なものではないと思います。

　これから多くの方々に子どもへのヨガにご興味を持っていただき、多様な視点から研究が積み重ねられるきっかけに本書がなれば本望です。

ヨガの脳

1 前頭葉

行動、計画、実行
実行機能（1a 前頭前皮質）
・抽象的思考
・計画
・感情制御
・人格
・行動

前頭葉は、ヨガのクラス中、あなたにヨガポーズを計画し、実行し、調節（アジャスト）することを可能にさせます。

2 頭頂葉

触感と痛み
感覚情報の統合
空間視覚処理（自分の位置を理解する）
言語処理（読み書き、計算の能力）

頭頂葉は、ヨガをしている時、下向きのイヌのポーズでの感覚を感じたり、ヨガインストラクターの言葉の指示を聞いて理解したり、クラス内やマットの上での位置を理解したりする情報を処理するために活発に活動しています。

3 後頭葉

視覚

後頭葉は、ヨガマットの色を認識したり、ヨガインストラクターの指示を視覚で理解したり、バランスのポーズを行う時の焦点を見ることを可能にさせます。

4 側頭葉

聴覚、視覚処理
視覚記憶（物体認識）
言語理解
記憶
意味づけ
感情反応

側頭葉は、ヨガをしている時、あなたの息の音を処理したり、難しいヨガポーズを考えるとその時の達成感（又は苦闘）を思い出したりすることで鍛えられます。

5 脳幹

生命維持機能
・消化
・心拍
・呼吸
・食べる

脳幹は、心拍や呼吸を調節しています。生きるためには欠かせない機能です。また、身体からの感覚情報を処理するために脳の各部位へ取り次ぎ、ヨガクラスへ注意を向けることを可能にさせます。

6 小脳

運動制御
・協調
・姿勢
・バランス／平衡感覚
運動学習
反射反応

小脳は、動いたり、バランスをとったりするために、ヨガクラスの間つねに集中しています。考えることなくポーズを行うことのできる「運動神経能力の記憶」は、この部位からくるものです。

＊Yoga Ed. 資料より引用

こんな子どもとヨガをしてみよう！

　筆者の出会った子どもの特徴と、効果を感じた呼吸法・ポーズと対応のポイントを紹介します。「どのように対応しよう？」と悩んだ時のヒントにしてみてください。

冷静な表情に目がキラリ
特別支援学級 3 年 A くん

特徴 独り言が多く、廊下の端がお気に入り。ゲームが大好きで家の中でゴロゴロしたがる。偏食で少食。腕を回しながら歩く癖がある。

A くんへのオススメ！
- 虹の呼吸（19 ページ）
- 三角のポーズ（41 ページ）
- 木馬のポーズ（67 ページ）

コツ！「虹の呼吸」がやりづらそうだったら、あおむけや四つばいでとりくみます。狭い場所で「三角のポーズ」を行うことで人との距離感が身につきます。「木馬のポーズ」からそのまま立ち上がれたら体育でも大活躍間違いなし！　体の感覚が未熟な場合は、クッションを使い、かべとの間にはさんで、背骨の感覚を育てていきます。

真面目で律儀すぎる
小学 2 年 B さん

特徴 がんばり屋なのにノートを書くのが遅く、マス目から文字がはみ出してしまいイライラ。今日は、掃除をサボる子に説教して言い争いになり、泣いてしまいました。

B さんへのオススメ！
- イルカの呼吸（49 ページ）
- コブラのポーズ（57 ページ）
- チョウチョのボディスキャン（89 ページ）

コツ！ いつも張りつめた状態の気持ちを頭の中からポーンと出すように「イルカの呼吸」。おなかがキリキリ痛いときには、大丈夫だとイメージしながら「コブラのポーズ」。ゆっくりと「ボディスキャン」で自分を見つめて。できることなら、誰かと一緒にやると緊張が薄くなるはずです。

正義感に燃えすぎる
パワフル小学 1 年 C くん

特徴 気分の波が激しく、納得できないとイライラし、すぐにキレて友だちを殴る、学校の物を壊してしまうことも。後で反省するのにいつも怒られてばかり。

C くんへのオススメ！
- クマの呼吸（29 ページ）
- 花の呼吸（87 ページ）
- 戦士のポーズ（65 ページ）

コツ！ ケンカをしてしまったことを反省し、「花の呼吸」をしながら「もうたたかない」と誓わせます。親子で呼吸をカウントし合い、次の失敗をしないためにどんな工夫があるか、お互いアイディアを出します。一緒に「戦士のポーズ」で意欲を高め、日々の生活を全うする力を蓄えて。

空気を読みすぎる
マイペースな小学 5 年 D さん

特徴 ほぼ毎日遅刻、全てのペースが遅い。大縄とびと逆上がりはまだできない。できないことがあるとパニックになり、号泣する。

D さんへのオススメ！
- ヘッドフォンの呼吸（21 ページ）
- ドラゴンのポーズ（61 ページ）
- サメのポーズ（69 ページ）

コツ！ 保健室や相談室でゆっくり「ヘッドフォンの呼吸」をして、落ち着いたら自宅で「ドラゴンのポーズ」の練習を。「サメのポーズ」で動きをコントロールできるようになったら明日はきっと参加できるかも。みんなとちがうペースでも、挑戦したことを具体的にフィードバックしていくことで、登校しぶりを予防します。

本書で紹介した呼吸・ポーズのねらいと効果

	呼吸の目的と名前	ねらい	様子
1	朝のぼんやりモードを切り替える 〈風船の呼吸〉	呼吸の大切さを伝える 吐く息を長くすると不安・ADHDへの効果	不安・ADHD、意欲がない、生活リズムが乱れやすい
2	周囲に向かう気持ちを集中へと切り替える 〈ヘビの呼吸〉	周りの環境に左右されず集中する	攻撃性や不注意が目立つ、すぐおしゃべりする
3	段取りよくすごせる 〈ハチの呼吸〉	2つの動作を同時にできるようにする	発達障害特有の同時処理の苦手さ
4	いつもとちがう緊張感を切り替える 〈海の呼吸〉	学校行事ストレスを緩和する	心配性・消極的、協応動作が苦手
5	正しい座り方を体で覚える 〈虹の呼吸〉	低緊張の緩和	筋肉全体が柔らかく怪我しやすい
6	気持ちを落ち着かせる 〈ヘッドフォンの呼吸〉	五感に集中するトレーニング	聴覚過敏がある、暴言が目立つ
7	危険なハイテンションをコントロールする 〈ハッピーな呼吸〉	感情のコントロールを学ぶ	発達障害の二次障害が起きている、不登校傾向
8	溜まった「イラッ」を発散する 〈ドラゴンの呼吸〉	内臓感覚を育てる	体調の変化を自覚できない
9	素直に気持ちを表現できるようになる 〈ライオンの呼吸〉	自分の表情と他者の表情から気持ちを読み取る	表情模倣・表情認知ができない
10	不安をやわらげ自分を励ます 〈クマの呼吸〉	自分で自分を励ます方法を知る	緊張しやすい・強迫的な行動がある
11	テスト直前！自信を高める 〈ウサギの呼吸〉	エネルギーを発散する	衝動性・不安・多動
12	目の疲れを回復する 〈首・肩ストレッチ呼吸〉	ビジョントレーニング	ゲーム依存、姿勢が悪い
13	ストレスを発散し、体をリラックスさせる 〈おなか・胸の呼吸〉	胃腸の不調を改善する	ASDの過敏性大腸症候群を抱えている
14	自分からすすんで行動する力をつける 〈親指小指呼吸〉	自律神経のバランスを整える	不眠・起立性調節障害
15	バランスのとれたメンタルをつくる 〈やる木のポーズ〉	不注意傾向を改善する	落ち着きがない、姿勢保持が苦手
16	ボディイメージを高める 〈三角のポーズ〉	ボディイメージを作る	発達協調性運動障害
17	ささいな不安をとりのぞく 〈ヘリコプターのポーズ〉	不安を取り除く	人一倍敏感な子、人見知り、友だち作りが苦手

18	人・場所見知りを予防する〈ロウソクの呼吸〉	呼吸の長さを長くする	衝動性が高い 物をすぐに投げる
19	焦る気持ちを落ち着かせる〈イルカの呼吸〉	目と手の共応動作を練習する	不器用さがある 勝手に物をさわる
20	正しくまっすぐに立つ〈山のポーズ〉	感覚統合固有覚を刺激する	多動、不安、ダラダラしてしまう、足首がかたい
21	正しい姿勢をキープできるようになる〈ネコ・ウシのポーズ〉	背骨の動きを滑らかにし、猫背・不安を軽減する	運動不足、うつ気分、肩・腰のコリがある
22	筋肉のバランスを整える〈下向きの犬のポーズ〉	全身の感覚を身につける	手先が不器用
23	空間認知を身につける〈コブラのポーズ〉	ラテラリティの分化を促す	ボールを上手く投げられない、まっすぐ歩けない
24	心と体を休めてリフレッシュする〈岩のポーズ〉	ストレスマネジメント 全身の疲れ・緊張を取る	不注意傾向がある
25	体のバランス力を高める〈ドラゴンのポーズ〉	怪我を予防するための体幹を身につける	運動過多 イライラしている
26	日常の生活動作をスムーズにする〈星のポーズ〉	指示を聞いて判断する力を身につける 模倣動作を高める	指示通りに動くことができない
27	速く走れるようになる〈戦士のポーズ〉	体幹を鍛える	自信がなく消極的 ネガティブ
28	しなやかに動く体をつくる〈木馬のポーズ〉	体への気づきを知る	段取りよく体を動かせない
29	ケガ予防の準備体操になる〈サメのポーズ〉	体の使い方を学び、行動の手順を見通す	筋肉が柔らかい　低緊張
30	仲間のペースに合わせて動く〈イスのポーズ〉	全身の体の使い方、対人距離を学ぶ	ADHD　愛着障害 友だちにちょっかいを出す
31	仲間を思いやる気持ちを高める〈シーソーのポーズ〉	上手な断り方・謝り方、気持ちの表現を学ぶ	虐待　愛着障害
32	少しの時間でも疲れがとれる〈休息のポーズ〉	自己への気づき・ストレスマネジメント	不眠　過活動 興奮しやすい
33	騒がしい教室を落ち着かせる〈ゾウさん・アリさんゲーム〉	衝動性のコントロール、重心移動の練習、扁平足の予防	落ち着きがない 走ることをいやがる
34	チームを団結させる〈進め・止まれ・背中合わせゲーム〉	協力すること、身体感覚、空間感覚、チームワーク	人にぶつかってしまう 仲間外れにする・される
35	お互いのことをよく知り、仲よくなる〈このポーズはなあに？ゲーム〉	左右の弁別・視覚的記憶を高める	給食の配膳が苦手 板書が遅い まねっこ遊びがぎこちない
36	お互いの個性を認め合う〈謎の箱を開けろ！ゲーム〉	我慢すること・待つことを学ぶ	順番を待てない

37	①	友だちとの信頼感を高め合う 〈花の呼吸〉	実際にないものをイメージし、五感を使った想像力を高める	指先の不器用さ 五感のトレーニング
	②	〈ダブル・プレッツェル〉	自分の力をコントロールすることが相手のためになることを学ぶ	人を殴る・押すことに自覚がない
	③	〈チョウチョのボディスキャン〉	リラクセーション、緊張と弛緩をくり返す	常にソワソワしている
38	①	仲間への思いやりを育てる 〈ダブル・クマの呼吸〉	苦手なことへのヘルプを出せるようになる（援助要請スキル）	ルールが守れない リズミカルに動くことができない
	②	〈ダブル・ドラゴン〉	好奇心旺盛さや衝動性をチームワークへと導く	常に1番にこだわる
	③	〈ヨギーニさんが転んだ〉	ルールを守ることの価値を知る（集団帰属意識）	空気が読めない 注意のコントロールの改善
39	①	グループのなかのキャラ設定を防ぐ 〈ラッコの呼吸〉	自己と他者への信頼を培う	集中力がない 右と左の混同がある
	②	〈ダブル・星のポーズ〉	協調性、視覚記憶、空間把握を高める	動きがぎこちない 列に合わせてまっすぐ歩けない
	③	〈こんにちはあそびゲーム〉	他者を受け入れ、自己開示する、違いを認める	アイコンタクトができない
40	①	仲間を信じられるようになる 〈ダブル・ツリーのポーズ〉	ペアで支え合うことを心と体で学ぶ	自己中心的な考えや振る舞いが多い 同じ班（グループ）の子とケンカばかりする
	②	〈ダブル・ボートのポーズ〉	他者に信頼感を持ち、援助スキルを身につける	自信が持てず、意欲が低い 注意力が乏しく、整理整とんが苦手
	③	〈ウェーブゲーム〉	状況を汲んで行動することを学ぶ	協調性がなく、集団が苦手 スキンシップが苦手

＊ヨガの効果は、人それぞれ異なります。記載した内容以上に大きな効果や予防的配慮もあります。皆さんも探してみてください。

参考文献

『Yoga Ed. プロフェッショナル・インスティテュート 1 基礎　幼児から小学生への指導法、児童指導ガイド　第一版』
　ブリン・カレダ , M.Ed.,E-RYT ＋ジュリア・ボンド、松田有子＋マクラウド亜希子＋村井由紀子 訳（2014 年）Yoga Ed. Coep.

『イラスト版子どものソーシャルスキル──友だち関係に勇気と自信がつく 42 のメソッド』
　相川充＋猪刈恵美子（2011）合同出版

『小学生のためのソーシャルスキル・トレーニング──スマホ時代に必要な人間関係の技術』
　渡辺弥生＋藤枝静暁＋飯田順子（2019）明治図書

『マインドフル・ゲーム──60 のゲームで子どもと学ぶマインドフルネス』
　スーザン・カイザー・グリーンランド、大谷彰 監訳、浅田仁子 訳（2018）金剛出版

『メディカルヨガ　現代人の抱える心身の不調に真に応えるヨーガの叡智』
　クリスチャン・ラルセン＋テーダ・ファン・レッセン＋エヴァ・ハーガー＝フォルステンレヒナー、木村慧心 監訳（2017）ガイヤブックス

『最強のヨガレッスン　ポーズ・動き・呼吸テクニックがわかる　図解ガイドブック』
　レスリー・カミノフ、渡辺千鶴 訳（2009）PHP 研究所

『親子でのびやか楽しいキッズヨガ　まねして簡単 50 のポーズ』
　友永淳子 監修（2017）メイツ出版

『はじめよう！　キッズ・ヨーガ　親子で楽しいヨーガあそび』
　伊藤華野 監修・文（2008）KADOKAWA

『おねんねまぁえに　まねまねヨーガ』伊藤華野、まつおすみこ 絵（2007）京都通信社

『気になる子どものできた！が増える　3・4・5 歳の体・手先の動き指導アラカルト』
　笹田哲（2013）中央法規

『発達が気になる子の脳と体をそだてる感覚あそび──あそぶことには意味がある！ 作業療法士がすすめる 68 のあそびの工夫』
　鴨下賢一＋池田千紗＋小玉武志＋髙橋知義（2017）合同出版

『発達障がい児の感覚を目覚めさせる運動発達アプローチ──タイプ別 やる気スイッチが入る運動あそび』森嶋勉（2018）合同出版

『体感して学ぶヨガの生理学──体のしくみと働きからわかるヨガの効果と理由』
　中村尚人＋新倉直樹（2017）BAB ジャパン

『ヨガの解剖学──筋肉と骨格でわかる、アーサナのポイント＆ウィークポイント』
　中村尚人＋新倉直樹（2010）BAB ジャパン

『発達性協調運動障害──親と専門家のためのガイド』宮原資英（2017）スペクトラム出版社

『学校の運動器検診──子どもの身体と障害の診かた』
　運動器の健康・日本協会 監修、内尾祐司＋髙橋敏明＋武藤芳照 編著（2018）中外医学社

『特別ではない特別支援教育⑤ 不器用な子どもたちの感覚運動指導』中尾繁樹（2013）明治図書

『不器用さのある発達障害の子どもたち 運動スキルの支援のためのガイドブック──自閉症スペクトラム障害・注意欠陥多動性障害・発達性協調運動障害を中心に』
　リサ・A・カーツ、七木田敦＋増田貴人＋澤江幸則 監訳、泉流星 訳（2012）東京書籍

『親子で楽しめる発達障がいのある子の感覚あそび・運動あそび』
　　秦野悦子、杉並区立こども発達センター 監修（2013）ナツメ社

『体が硬い人のためのヨガ Basic Lesson』水野健二（2010）PHP 研究所

『ヨーガ・セラピー』
　　スワミ・クヴァラヤーナンダ＋S・L・ヴィネーカル、平野久仁子 訳（1995）春秋社

『発達障害の子の脳を育てる忍者遊び──柳沢運動プログラムを活用して』
　　柳澤弘樹（2016）講談社

『運動学　第 2 版』全国柔道整復学校協会 斎藤宏 監修、（2003）医歯薬出版

『Yoga for kids and Their Grown-Ups』
　　Katherine priore Ghannam（2018）ROCKRIDGE PRESS（洋書）

『ヨガ大好き！』メアリー・ケイ・クリシカス、脇 今日子 訳、橋本 光 監修（2006）文園社

『改訂新版 イラスト版からだのつかい方ととのえ方──子どもとマスターする 45 の操体法』
　　橋本雄二 監修、橋本千春＋稲田 稔＋川村秋夫＋川上吉昭（2015）合同出版

『HATHA YOGA Illustrated: For Greater Strength, Flexibility, and Focus』
　　Brooke Boon ＋ Martin Kirk ＋ Daniel DiTuro（2005）Human Kinetics（洋書）

『チルドレンズ　ヨーガ』ジェリエット・ペグラム、桑平幸子 訳（2007）産調出版

『幼少年期の体育　発達的視点からのアプローチ』
　　デビット・L・ガラヒュー、杉原 隆 監訳（1999）大修館書店

『1 日 5 分で OK！小中学生のためのらくストレッチ』石橋秀幸（2018）学研プラス

『リラクセーション反応』
　　ハーバート・ベンソン＋リアム・Z・クリッパー、中尾睦宏＋熊野宏昭＋久保木富房 訳
　　（2001）星和書店

『子ども達とフォーカシング──学校・家庭での子ども達との豊かなコミュニケーション』
　　マルタ・スタペルツ＋エリック・フェルリーデ、天羽和子 監訳、矢野キエ＋酒井久実代
　　共訳（2010）コスモス・ライブラリー

『発達障害の子どもを伸ばす脳番地トレーニング』加藤俊徳（2017）秀和システム

『"落ち着きがない" の正体』
　　スチュアート・シャンカー、小佐田愛子 訳（2017）東洋館出版社

『子どものためのマインドフルネス──心が落ち着き、集中力がグングン高まる！』
　　キラ・ウィリー、アンニ・ベッツ イラスト、大前泰彦 訳（2018）創元社

『幼児のためのコーディネーション運動──楽しみながら運動能力が身につく！』
　　東根明人、コーチングバリュー協会 編集協力（2015）明治図書

『0〜5 歳児の発達に合った楽しい！運動あそび──こころとからだがスクスク育つ！』
　　柳澤秋考＋柳澤友希（2014）ナツメ社

『ADHD の子どもを育む── DIR モデルにもとづいた関わり』
　　スタンレー・グリーンスパン＋ヤコブ・グリーンスパン、広瀬宏之 監訳、越後顕一 訳
　　（2011）創元社

『The Development of personality : The Collected Works of C. G. Jung vol.17』
　　Jung C. G.、H.Read ＋ M. Fordham ＋ G. Adler ＋ W. McGuire 編、R. F. Hull 訳
　　（1954）Routledge and Kegan Paul（洋書）

あとがきにかえて ●●●

　学校という環境の騒がしさ、忙しさは独特です。
　子どもたちは、何かに追われるように勉強し、遊び、給食を食べ、叱られ、叫ばれ、ケンカをする……。行きたくない日も行かなくてはならない義務感……。一人ひとりは素直なのに、クラスのなかでは暴力的で反抗的にふるまう……。同時多発的にさまざまな事件が起こり、大人も子どももバタバタとそれを処理していきます。静けさとは無縁な環境のなかで、子どもたちは発達し、生きる力を獲得していくのです。
　日々を楽しく過ごしていても、ある日ふと、「どうして学校に行かなければならないの？」「なぜ私たちは生きているの？」。多くの子どもが、そんな疑問をもちます。そういう疑問にどう答えたらよいのでしょう。

　学校で起きている"問題"とされる状況の根底にあるものは、大人たちが抱えている問題でもある、と私は考えています。子どもたちは、大人の言動をよく観察し、大人がつくる社会の雰囲気を敏感に感じ取っています。心理学者のユングは、「どんな大人のなかにも、永遠の子どもがひそんでいる。いつも成長していて、決して完成しない何かがあるのだ」と説いています。そして「自分たち（大人）が今も犯している間違いを、子どものなかで矯正しようというのが無理なのだ」とも指摘しています。これは、大人の言動が子どもの言動に大きく影響することを端的に表しています。
　とくに、発達的なアンバランスを抱えていたり、精神的な病を抱えている子どもは、自分自身の価値に気づくことができず、常に否定的で、心が休まることがありません。また、自分が特別な配慮を受けることに嫌悪感を持つ子どももいます。「自分はみんなと違う」「ズルしてると思われている」……。そんなかれらの本音を受け止める活動として、クラス全員でも個人でもできるヨガは魅力的です。
　ヨガというアプローチは、子どもたちが安心感を得て、自己肯定感を高めるためのサポートを楽しく自然な形で提供でき、カウンセリングのような効果を得られます。ヨガの後「自分が生きていることの価値」を子どもたち自身が素直に気づけたら、うれしく思います。

　子どもたちは、自分が、何を感じ何を求めているかを知ってもらう、何がそこで起きているのかを理解してもらう、「ただそこに存在する」ことを認められたことを自

覚することで、大きな安心に包まれます。そうして自分で自分の価値に気づいていくのです。その時、その場にいる子どもと同じ目線で同じことをうれしい・楽しい・つらい・悲しいと共有していくこと。とてもシンプルであるものの、大人にとっては、難しいことではないでしょうか。

ぜひ、子どもたちに大きな安心を与えるために、自分の内側の"永遠の子ども"の存在を忘れずに子どもと接していただきたいと思います。この本を手にしたあなたはもう子どもの心を大切にする存在です。

大切なのは、支援を続け、諦めないこと。

どっしりと構え、大きな山のような心で子どもたちや、保護者、先生、子どもを支援する大人を支えたいと、私はカウンセリングとヨガの修行の道を歩みはじめました。読者のみなさまにとって、子どもたちと共有する時間が、ヨガというアプローチによってさらに充実したものとなるよう祈っています。

■ Yoga Ed. のご紹介

　Yoga Ed. は、ヨガの実践を通して子どもや 10 代の若者たちの健康と幸福を培い、学校のコミュニティに力を与え、教育に変化をもたらすことを目的にした教育プログラムです。もともとは、犯罪、貧困、暴動の巣窟だったロサンゼルスのサウスセントラルにあるチャータースクール（公設の民間経営学校）で、生徒たちにライフスキルを学ばせる目的のウェルネスプログラムとして開発されました。これが大きな効果をあげ、今では、世界的な規模で Yoga Ed. のビジョンと、それに基づく実践が普及されています。

　日本では、全国にいる Yoga Ed. の認定資格をもつインストラクターたちが、ヨガ指導者向けの子どもへの指導法や、教師向けの教育への導入方法を示すワークショップを開催し、幼稚園・保育園・小中高校での実践に生かされています。

＊日本版ウェブサイト　https://yogaed.jp

【著者紹介】

太田千瑞（おおた・ちず）

東京都公立・私立学校スクールカウンセラー、臨床心理士、ヨガ講師、筑波大学心理・発達教育相談室非常勤相談員

東京都内教育委員会にて知的障害・発達障害の就学進学相談を経験する中、心身の発達に合わせた支援の重要性を実感。特別支援教育アドバイザー等を経て、療育・ソーシャルスキルトレーニングの一部としてヨガの知識を活用し、ヨガをスクールカウンセリングや学校の授業（体育・総合・道徳）に取り入れる実践を重ねている。保護者・教員・養護教諭向けの研修も多数行う。また、ヨガインストラクターとして、ヨガスタジオでレッスンを持つ。

ヨガインストラクターとしては、全米ヨガアライアンス200時間、マタニティヨガ85時間、キッズヨガ、ヨガニードラ、トラウマアプローチヨガを取得。Yoga Ed. チェアヨガ トレーナー。ヨガスタジオにてクラスを持つほか、キッズヨガのワークショップの開催をしている。

＊活動内容詳細　http://candrika-promovel.com/

■ヨガを体験したくなったら……

Nirvana Yoga Studio（ニルヴァーナ ヨガスタジオ）は、東京池袋にある本格的ヨガスタジオです。数々のヨガイベント・ヨガ雑誌の特集などに参加している講師が揃い、ジヴァムクティヨガをはじめとする多様な流派を取り揃えています。また、海外からの有名講師によるワークショップなども開催され、世界のヨガを提供しています。ヨガ講師育成のティーチャーズトレーニングも開催され、大手ヨガスタジオへの就職など、高い評価を得て優秀な先生を輩出しています。
Nirvana Yoga Studio ウェブサイト　http://nirvana-yogastudio.com
お問い合わせ　Tel: 03-6907-1019　Mail: info @ nirvana-yogastudio.com

■ヨガのレッスン動画を見るなら……

YOGA BOX は、有名ヨガ講師によるヨガのレッスン動画を配信するサービスです（月額980円）。第1章のチェアヨガ について、動画を見て練習することができます。正しいやり方を確認したり、呼吸やポーズへの理解を深めていきたい方にはおすすめです。QRコードからは、呼吸・ポーズごとの短い動画を見られます。

https://www.yogabox.biz/education-yoga

動画監修：YOGA BOX ウェブサイト　https://www.yogabox.jp
動画協力者：南　舞（臨床心理士・ヨガ講師）　https://www.mai-minami.com

装丁：守谷義明＋六月舎
本文デザイン：椎原由美子（シー・オーツーデザイン）
イラスト：えびてん
レイアウト：Shima.
編集協力：竹中龍太

イラスト版 子どもの発達サポートヨガ
気持ちを整え集中力を高める呼吸とポーズ

2019 年 8 月 20 日　第 1 刷発行
2022 年 10 月 10 日　第 3 刷発行

著　者　太田千瑞
発行者　坂上美樹
発行所　合同出版株式会社
　　　　東京都小金井市関野町 1-6-10
　　　　郵便番号　184-0001
　　　　電話　042（401）2930
　　　　URL　https://www.godo-shuppan.co.jp/
　　　　振替　00180-9-65422
印刷・製本　株式会社シナノ

■刊行図書リストを無料送呈いたします。
■落丁乱丁の際はお取り換えいたします。

本書を無断で複写・転訳載することは、法律で認められている場合を除き、著作権および出版社の権利の侵害になりますので、その場合にはあらかじめ小社あてに許諾を求めてください。

ISBN978-4-7726-1394-1　　NDC376　　257 × 182
©Chizu OTA, 2019